教えて、明《あけ》橋《はし》先生！

# 何かほかの子と違う？
# HSCの育て方
# Q&A

子育てカウンセラー
精神科医
明橋大二
*Daiji Akehashi*

1万年堂出版

# はじめに

『ひといちばい敏感《びんかん》な子』という、日本で初めてのＨＳＣ翻訳本《ほんやくぼん》が出版されてから、４年になります。

ＨＳＰという敏感《びんかん》な大人については、すでにいくつか書籍《しょせき》があり、インターネットでも情報が出ていましたが、ＨＳＣについては、当時、日本ではほとんど知られていませんでした。

しかし相談の現場で、間違《まちが》いなくＨＳＣといえる子どもに多く出会う中で、もし学校の先生や親御《おやご》さんが、ＨＳＣについてきちんとした知識を持っていれば、もっと子も親も、苦しまずに済んだのに、と感じる機会が多々ありました。

何とかしてこのことを、子どもに関わる多くの人たちに知ってもらいたいと、原稿《げんこう》に書いたり、講演をしたり、取材を受けたりしているうちに、関心を持つ人も増え、ここ1、2年、ずいぶんHSCという用語は、現場に広まってきたように思います。

ひといちばい敏感《びんかん》な子は、優《すぐ》れた感性を持ち、いろんなことを敏感《びんかん》に察知します。その一方で、人が気づかないことにも気づいてしまうため、ストレスをためやすく、生きづらい面もあります。

この本は、そんなひといちばい敏感《びんかん》な子を育てる親御《おやご》さんからの子育ての悩《なや》みに、いろいろなところで答えたものを、まとめたものです。

悩《なや》んでいる親御《おやご》さんからの質問ですので、内容は、育てにくい子や、不登校、登園しぶりについてのものが多くなっています。HSCが皆《みな》、育てにくかったり、学校に行きづらかったりしているわけではありません。HSCの割合は、5人に1人ですから、多くの子どもたちは、それほど困ったこともなく、成長していることも事実です。

しかし、中には、環境《かんきょう》になじめず、つらい思いをしている子どもも少なくありません。そういう子どもに関わる大人たちには、ぜひ、このＨＳＣのことを知ってもらいたいと思い、このＱ＆Ａ集を出すことにしました。

ＨＳＣを知ることで、気持ちが楽になった、子育てに希望がわいた、という人が、本当にたくさんいるのです。

少しでも参考にしていただき、親子が笑顔《えがお》になれる一助となれば幸いです。

明橋《あけはし》　大二《だいじ》

## もくじ

3
HSCに理解のない人への対応 52
HSCの持つよさを伸ばしたいと思っても、まだまだ理解のない人が多いです。マイナスな見方をされたとき、どう答えたらいいでしょうか。

4
母親のせいにされたとき 60
娘が保育園を何度も変えたのを、母親の虐待のように言われてしまいました。接し方によって伸びる子なのに、どうして理解してもらえないのか悩みます。

5
肌触りが気になる悩み 66
チクチクするのが気になって、決まった服しか着たがりません。今は娘の気持ちを優先していますが、いつになったら変わるのかと思ってしまいます。

6
人との関わりが心配　72
息子はまだ、小学校へ1日も通えていません。
人嫌いなわけではありませんが、この先、ちゃんと
人と関わっていけるのか心配です。

7
恋愛で気をつけることは？　82
HSS（刺激探求型）も併せ持った高校生の娘ですが、
相手の気持ちを気にしすぎてしまうところがあります。
これからの恋愛や対人関係で気をつけることは？

8
友達との境界線の引き方　86
小6の娘は、自分も悩みがあるのに、
友達の悩みにいつも振り回されてしまいます。
「境界線を引くこと」を、どう伝えればいいでしょうか。

12
子どもにHSCを正しく伝える方法 102
不登校になって6年半、思春期を迎えた息子自身に、
敏感さとのつきあい方を学んでいってほしいと思いますが、
HSCをどう説明すればいいか悩みます。

13
幼稚園は早く通わせたほうがいい? 108
2歳児健診のとき、よく泣く娘を見て
「プレ幼稚園に通わせたほうがいい」と保健師さんに言われました。
もっと一緒にいて、安心感を与えたほうがいいと思うのですが。

14
HSCの敏感さに〝慣れ〟はある? 116
小学3年生の息子は、新学期になると具合が悪くなります。
そのうち慣れるといわれますが、
HSCの敏感さに〝慣れ〟はあるのでしょうか。

19
不調を訴える子の見守り方 136
息子はよく、頭痛や腹痛を起こして学校を休みます。
優しく受け入れたいのに、ついイラッとしてしまう私に、
よいアドバイスがあればお願いします。

20
HSCへの特別扱いに不満が出たら 142
学校が苦手で、クラスでも独りぼっちの娘。
保健室登校や、時間差登校で対応していますが、弟たちからも
「お姉ちゃんずるい！」などと言われて困っています。

21
親の私がキレてしまうとき 150
息子が暴れたり、暴言を吐いたりしたとき、
つい私のほうがキレてしまいます。受け止めようとは思っても、
一筋縄ではいかないときの心がけを教えてください。

22
HSCについて、相談できるところはありますか 156

23
怖い先生への対処法 162
学校に怖い先生がいて、娘は友達が怒られているだけで、自分が怒られるように思って、学校に行きたがらなくなります。

24
熱を出しやすい子どもには 166
5歳の息子が、1カ月に1回は熱を出します。敏感さなのか、何か気をつけることはありますか。

25
発達障がいを間違う心配は？ 170
発達障がいなのに、HSCと誤解してしまうことはないでしょうか。それで必要な支援が後れてしまわないかが心配です。

# HSCとは？

Highly Sensitive Child

Highly Sensitive Child

Highly Sensitive Child

Highly Sensitive Child

## ♣「他の子とちょっと違う」と感じることはありませんか？
## ＨＳＣとは、どんな子どもでしょう

ＨＳＣというのは、Highly Sensitive Child（ハイリー・センシティヴ・チャイルド）の頭文字《かしらもじ》を取ったもので、訳すと「ひといちばい敏感《びんかん》な子」という意味です。

例えば感覚的に敏感《びんかん》で、小さな音でも聴《き》きつけたり、かすかなにおいをかぎ分けたりします。あるいは、チクチクした肌触《はだざわ》りの物が苦手なこともあります。

また、そのように感覚的に敏感《びんかん》なだけではなく、人の気持ちにも敏感《びんかん》で、「怒《おこ》っていないかな」「何かつらい思いをしていないかな」など、気持ちを鋭《するど》くキャッチして、いろいろと気遣《きづか》うなどします。

他にも、初めての場所に入っていくのがちょっと苦手だったり、部屋《へや》の置物の場所が変わったなどの環境《かんきょう》の変化に気づきやすかったりします。

そういうことに敏感《びんかん》な子をＨＳＣというのですが、人の気持ちをとても気《き》遣《づか》う優《やさ》しいところがある反面、人の気にしないところまで気になってしまうため、気苦労が多く、疲《つか》れやすい、ということもあります。

そういう子どもたちがいるということを、まずは、私たち大人が知るということが、とても大事だと思っています。

お子さんや、周りの気になる子が、ＨＳＣかどうか、最初にＨＳＣを知るための23のチェックリストで確認してみましょう。

## ♣ＨＳＣを知るための23のチェックリスト

次の質問に、感じたままを答えてください。子どもについて、どちらかといえば当てはまる場合、あるいは、過去に多く当てはまっていた場合には

「はい」、全く当てはまらないか、ほぼ当てはまらない場合には、「いいえ」と答えてください。

| | | | |
|---|---|---|---|
| 1 | すぐにびっくりする | はい | いいえ |
| 2 | 服の布地がチクチクしたり、靴下《くつした》の縫《ぬ》い目《め》や服のラベルが肌に当たったりするのを嫌《いや》がる | はい | いいえ |
| 3 | 驚《おどろ》かされるのが苦手である | はい | いいえ |
| 4 | しつけは、強い罰《ばつ》よりも、優《やさ》しい注意のほうが効果がある | はい | いいえ |
| 5 | 親の心を読む | はい | いいえ |

| | | |
|---|---|---|
| 6 | 年齢《ねんれい》の割りに難しい言葉を使う | はい　いいえ |
| 7 | いつもと違《ちが》うにおいに気づく | はい　いいえ |
| 8 | ユーモアのセンスがある | はい　いいえ |
| 9 | 直感力に優《すぐ》れている | はい　いいえ |
| 10 | 興奮したあとはなかなか寝《ね》つけない | はい　いいえ |
| 11 | 大きな変化にうまく適応できない | はい　いいえ |
| 12 | たくさんのことを質問する | はい　いいえ |

13 服がぬれたり、砂がついたりすると、着《き》替《が》えたがる

はい　いいえ

14 完璧主義《かんぺきしゅぎ》である

はい　いいえ

15 誰《だれ》かがつらい思いをしていることに気づく

はい　いいえ

16 静かに遊ぶのを好む

はい　いいえ

17 考えさせられる深い質問をする

はい　いいえ

18 痛みに敏感《びんかん》である

はい　いいえ

19 うるさい場所を嫌《いや》がる

はい　いいえ

| | | |
|---|---|---|
| 20 | 細かいこと（物の移動、人の外見の変化など）に気づく | はい　いいえ |
| 21 | 石橋をたたいて渡《わた》る | はい　いいえ |
| 22 | 人前で発表するときには、知っている人だけのほうがうまくいく | はい　いいえ |
| 23 | 物事を深く考える | はい　いいえ |

**得点評価**

13個以上に「はい」なら、お子さんはおそらくＨＳＣでしょう。しかし、心理テストよりも、子どもを観察する親の感覚のほうが正確です。たとえ

「はい」が1つか2つでも、その度合いが極端《きょくたん》に強ければ、お子さんはＨＳＣの可能性があります。

このチェックリストは、ＨＳＣを提唱したアメリカの心理学者、エレイン・Ｎ・アーロン氏が、何千人もの人たちから集めたアンケートと、聞き取り調査をもとに作成したものです。

ＨＳＣがだいたいどんな子どもなのか、このチェックリストで概要《がいよう》をつかんでいただけたと思います。

では次に、ＨＳＣによくある誤解を解きながら、正しく知るための基本的なことをお話ししていきたいと思います。

## ♣HSCになるのは、親の育て方のせい？
## ～いいえ、持って生まれた性格です

ＨＳＣは育て方でなるのではありません。持って生まれた性格です。

生まれたばかりの赤ちゃんにも、性格があります。よく泣く子もいれば、あまり動じない子もいます。意志の強い子、気立てが優《やさ》しい子など、いくつかタイプ分けすることができます。

そういった性格（タイプ）の一つが、「ひといちばい敏感《びんかん》」です。

ＨＳＣは、15～20パーセント、およそ5人に1人の割合です。人種による差はなく、男女の比率も同じです。

これは大人になっても変わりません。ＨＳＣが大人になると、ＨＳＰ（Highly Sensitive Person）になります。

## ♣病院で診断してもらう必要はある？
## ～ＨＳＣは病気や障がいではありません

ＨＳＣは病気や障がいではなく、持って生まれた性格です。ですから、「治す」ものではありません。

その子らしさを生かして、伸《の》ばしていくのがＨＳＣの子育てです。

よく誤解されますが、発達障がい（自閉《じへい》スペクトラム症《しょう》など）とも違《ちが》います。

感覚的に敏感《びんかん》なところは似ていますが、「人の気持ちを酌《く》むのが得意か、苦手か」が異なります。自閉《じへい》スペクトラム症《しょう》の人は、人の気持ちを読むのが苦手ですが、ＨＳＣは、むしろ人の気持ちがわかりすぎるくらいわかってしまうところが違《ちが》います。

## ♣音やにおいに敏感なら、ＨＳＣ？ ～感覚的敏感さだけでは判断できません

ＨＳＣは注意力に長《た》けていますが、必ずしも、聴覚《ちょうかく》や嗅覚《きゅうかく》、味覚などの五感が発達しているわけではありません。いずれかの感覚が極めて鋭《するど》い人はいますが、何といっても、脳が情報を徹底的《てっていてき》に処理するところに特徴《とくちょう》があります。

脳をオレンジの選別工場に例えてみましょう。ベルトコンベアには、通常流れてくるオレンジを分類するための３種類の穴があります。ＨＳＣの場合、微妙《びみょう》な差を判別する15種類の穴があると考えるといいと思います。

いつもは順調に機能していても、一度に流れてくるオレンジの量が多くなりすぎると、混乱し、作業停止状態になってしまいます。

最近の脳科学研究から、ＨＳＣには、次の４つの性質（ＤＯＥＳ）が根底

にあることがわかっています。４つのうち１つでも当てはまらないなら、おそらくＨＳＣではないといわれています。

D（Depth）深く考える

O（Overstimulation）過剰《かじょう》に刺激《しげき》を受けやすい

E（Emotional & Empathy）感情反応が強く、共感力が高い

S（Subtlety）ささいな刺激《しげき》を察知する

## ♣ＨＳＣは内気で神経質な子ばかり？ 〜実は３割は外向的な子です

ＨＳＣというと、おとなしい人、内向的な人と思われがちですが、実は３割は外向的です。

おそらく７割の人は、外から受ける刺激《しげき》を減らす一つの方法として、内向

的になったのだと思われます。

では、なぜ3割が外向的なのでしょうか。

外向的だった人の多くは、安心できる環境《かんきょう》で、周りの愛情をたくさん受けて育てられていました。そういった人たちにとって、人の集団は、慣れ親しんだ安全なものだったということです。

また、親から外向的になるようしつけられた人もいました。期待に応《こた》えるための訓練を受けてきたわけです。

ＨＳＣがレッテルを貼《は》られやすい、「臆病《おくびょう》」や「神経質」、「心配性《しんぱいしょう》」や「落《お》ち込《こ》みがちな性格」という、いわゆるネガティブな性格も、ＨＳＣが持って生まれた遺伝的なものではなく、後天的なものだとわかってきています。

臆病《おくびょう》や神経質といった性格は、ＨＳＣだけではなく、そうでない人にも多く見られるものです。

## ♣好奇心旺盛なチャレンジャーは、HSCではない？
## ～刺激を求めるHSS（刺激探求型）の子がいます

HSCなのに、刺激《しげき》を求めて、かえって疲《つか》れ果《は》ててしまうタイプがいます。退屈《たいくつ》しやすく、新しいもの好き。スリルや冒険《ぼうけん》を求めて外へ行きたがる。好奇心《こうきしん》が強く、いつも「予測不可能」といわれるような子です。

こういう性格を、HSS（High-Sensation Seeking・刺激探求型《しげきたんきゅうがた》）といいます。

この特性は、HSCの敏感《びんかん》さとは矛盾《むじゅん》するように思いますが、それぞれ独立した気質です。ですから、HSCでありながら、HSSということもありえるのです。

そうすると、常に新しいものを求めながら、その刺激《しげき》に圧倒《あっとう》されて疲《つか》れ果《は》ててしまう、というようなことが起こります。

この世には、こういうＨＳＣで刺激《しげき》を求めるタイプ（ＨＳＳ）と、ＨＳＣで刺激《しげき》を求めないタイプ、また、非ＨＳＣで刺激《しげき》を求めるタイプ（ＨＳＳ）と、非ＨＳＣで刺激《しげき》を求めないタイプの、４とおりの子どもがいるということになります。

もちろん、どの性格がいいとか、悪い、というわけではありません。それぞれに長所と短所があり、すべてのタイプが必要とされているのだと思います。

そして、それぞれの長所を見つけて伸《の》ばしていく、という関わりが必要だということです。

## ♣空気を読む「いい子」がHSC?
## ～育てにくいタイプの子もいます

HSCの中でも、特に感情反応の強い子は、赤ちゃんのときから「育てにくい子」と感じることがあります。

他の赤ちゃんよりも、よく泣く、泣き方が激しい、ちょっとしたことで目を覚まし、なかなか泣きやまない、といったことが起こります。

もう少し大きくなると、かんしゃくが強い、文句が多い、ちょっと注意しただけで逆ギレしたり、うまくいかないと八つ当たりしたりします。暑い、寒い、服がチクチクする、食べ物が辛《から》い、部屋《へや》がにおう、など、他の子なら気にしないようなことに文句を言い、ささいなことに人一倍落《お》ち込《こ》みます。

親もだんだん疲《つか》れてイライラしてきます。ところが、そのイライラをいち早く察知するのがHSCなので、否定されたと思って、よけいにかんしゃくが激しくなることもあります。

こういう子どもに接するときは、こちらも「売り言葉に買い言葉」で反応せず、「本当は傷ついているのかも」と考えることが大切です。

「育てにくい子」というのは、実は、長い目で見れば心配のない子です。なぜなら、HSCは、空気を読みますから、ともすれば大人の期待に応《こた》える、「手のかからない、いい子」になりがちです。逆に、文句の多い、面倒《めんどう》くさい子になるというのは、それだけ自分の気持ちを出していいんだ、と安心しているということですから、環境《かんきょう》としては悪くないということです。

今はたいへんだと思いますが、年齢《ねんれい》とともに成長し、大きくなれば、心配のない子に育つ、ということです。

## ♣甘やかすから、わがままになる？
## ～親の関わり方は、「原因」ではなく「結果」です

ＨＳＣを育てている親御《おやご》さんが、必ずといっていいほど、周りからかけられる言葉があります。

それが、「甘《あま》やかしているから、わがままになるんだ」「過保護に育てているから、臆病《おくびょう》になるんだ」という言葉です。

確かに、ＨＳＣは、不安が強くなりがちで、それだけ親の関わりを必要とすることがあります。保育園へ連れていくと、子どもがなかなか親から離《はな》れない、ある程度つきあわざるをえない、ということがあります。

そういう様子を見て、「お母さんが子どもを甘《あま》やかしているから、子どももだだをこねるのよ。もっと突《つ》き放《はな》したら、子どもも自立できるのに」などと言われることがあるのです。

しかし、そういう親の態度は、子どもの行動の原因ではなく、結果なのです。

親は親なりに、いろいろと試行錯誤《しこうさくご》して、突《つ》き放《はな》したりもしてみた。でも、それだと、もっとパニックになって、もっと時間がかかってしまうから、最終的に、子どものペースにつきあうようになった。親の行動は、子どもの特性からくる結果なのです。

ところがそれを、親の関わり方が、子どもの行動の原因だと考える間違《まちが》いが、周囲の親だけではなく、保育園や学校の先生、子育《こそだ》て支援者《しえんしゃ》にもよくあります。

ですから、そういうアドバイスとは、ちょっと距離《きょり》をとる必要があるのです。

このQ&Aは、
全国で開催されている
トークイベントでの
質疑応答を、
ライブ形式で
収録したものです。

1

# 親子でひといちばい敏感な場合

娘もＨＳＣ、そして母親である私もそうだと感じました。
敏感ですぐに心の余裕がなくなる場合、
どう子どもに関わっていけばいいでしょうか。

Q

『HSCの子育てハッピーアドバイス』を読んで、心が軽くなりました。娘《むすめ》もおそらくHSCです。そして自分自身もそうだと感じました。

この本がもっと昔からあれば、自分は生きやすかったと思います。

自分も敏感《びんかん》だった場合、子どもにどう関わればよいのでしょうか。子どものすべてを受け入れたいのに、自分もいっぱいいっぱいになってしまうことがあります。

A

子どもがＨＳＣで、親も敏感《びんかん》な人ということですね。大人の敏感《びんかん》な人をＨＳＰ（Highly Sensitive Person）といいます。

まずですね、子どもが敏感《びんかん》で親も敏感《びんかん》だという場合、いいことがたくさんあるんですよね。

例えば、子どもの気持ちがよくわかる。親がそういう敏感《びんかん》なタイプじゃない人だと、「何で子どもがこういうことを気にするのか」とかね、「何でこういうふうに一歩踏《ふ》み出《だ》せないのか」など、いろいろ「何で何で」とわからないことが多くなります。

けれども、親が敏感《びんかん》な人だと、自分が経験していることなので、「あの子の気持ち、わかるわかる」「そうだよね」となって、子どもの気持ちに共感できるというのがいいところですよね。

あと感性が似ているっていうかね。あまり過激なものではなくて、繊細《せんさい》な味とか、繊細《せんさい》な音楽や映画とかね、そういうのが結構好きだったり、あまり過激なものはちょっと苦手だったり。共通しているところが多いので、一緒《いっしょ》に感動を分かち合える、というのもあると思います。そういうメリットがあるわけですよね。

一方で、ちょっと気をつけないといけないこともあります。

一つはですね、敏感《びんかん》といっても、何に敏感《びんかん》かは人それぞれなので、親が苦手なことが子どもも苦手とは限らないわけです。

親が例えば、濃《こ》い味のハンバーガーが苦手だった。だからといって、子どもも嫌《きら》いだとは限らないわけです。それを、「この子はきっと、こういう強い刺激的《しげきてき》な味は苦手だろう」と思って、かばいすぎてしまうとかね。

あるいは、親が病院に行くのがすごく嫌《いや》だった。だから、「子どもも病院へ行くのがきっと嫌《いや》だろう」と思って、熱が出てても、もう病院には行かないでおこう、みたいにね。

親の場合は心配しすぎで病院に行かなくてもよかったかもしれないけれど、子どもは本当の病気かもしれないわけです。

それぞれ別の人生なので、一度チャレンジするということは、やっぱり大事なことなんですよね。それをチャレンジする前から、「この子は、こういうことができないに違《ちが》いない」というように、可能性をシャットアウトしてしまうのは、ちょっと心配だなということです。

それともう一つは、親が敏感《びんかん》だと、親がまず、いっぱいいっぱいになっちゃうということですよね。

本当は子どもがいっぱいいっぱいなのに、それを親は手助けしないといけないのに、親に余裕《よゆう》がなくて、逆に子どもから、「お母さん大丈夫《だいじょうぶ》?」「息が荒《あら》いけど」と心配されちゃうようなことがあるわけですよね。そういう点は、注意しなければいけないなと思います。

だから、ついつい自分の経験から、かばいすぎてしまうことに関しては、「自分と子どもは、また違《ちが》うんだ」ということで、一度はチャレンジさせてみる。だけど、本当にそれで子どもが無理ならば、無理強《むりじ》いはよくない、ということです。

それから、親がいっぱいいっぱいになっちゃう場合は、親のケアを優先していいということなんですよね。

これは、飛行機の酸素マスクの例を考えてみるとわかると思うんですが、機内が酸素不足になって酸素マスクが下りてきた。そういうとき、親が先にマスクをつけますか？　子どもに先につけますか？　**正解は、親がまずマスクをつける、ということです。**お母さんがもう息が苦しいのに、まず子どもにマスクをさせようとすると、そのうちにお母さんが気を失っちゃう。そうすると子どものケアもできないですよね。

だからまず、お母さんが自分の酸素を確保しないと、子どもへの手助けもできないわけです。

質問された方も、すごく敏感《びんかん》で、すぐにいっぱいいっぱいになってしまうと思うんですけれどね。お子さんのためにしなきゃならないと思っているのでしょうが、自分がいっぱいいっぱいになって倒《たお》れてしまったら、子どもの手助けもできないわけです。

だから、**自分をケアすることを優先していいんです。**そうでないと、子どもの世話もできないですからね。

自分のケアをすることに罪悪感を持たなくていい。つい「まずは子ども」と思ってしまいますけれど、それは思わなくていい、ということなんですよね。

例えば、自分だけの「ダウンタイム」を持つ、というのもいいと思いますね。「ダウンタイム」というのは、休憩《きゅうけい》ということです。少しでも休憩《きゅうけい》すると、「そんな子どもを放っておくなんて、悪いお母さんじゃないか」みたいに、罪悪感を持ちがちですけれど、結果として、そのほうが子どもにも優《やさ》しくなれるし、自分も一息つけるということなら、お互《たが》いにとっていいことだと思います。

なお、逆に、子どもは敏感《びんかん》だけれど、親はそれほど敏感《びんかん》でない、という場合もあると思います。アーロンさんの『ひといちばい敏感《びんかん》な子』という本には、親が敏感《びんかん》な場合と敏感《びんかん》でない場合と、両方の場合のアドバイスが書かれています。どちらもメリットデメリットがあります。そして結論は、どちらもオッケーだ、ということです。両方、いいところがたくさんあるのです。

2

# 敏感な子だからと
# 親が守っていると、
# 弱い子になりませんか

Q

自分の子がＨＳＣ（ひといちばい敏感《びんかん》な子）だとわかり、家では安心できるような対応をしています。ただ、外に行けば傷つくようなことはいくらでもあるし、家で守っていると、「外が怖《こわ》い」というようなことにならないか心配です。

A

ひといちばい敏感《びんかん》な子だけに限らないと思うのですけれども、「家で受容的、保護的に接していると、外は決してそういう世界ではないから、外に出たときに、逆にそのギャップの大きさによけいに傷つくのではないか」という質問だと思います。

こういう質問は結構あって、時々聞くのですけれども、じゃあ「外に行って傷つくことがないように家で慣れさせとけ」ということで、「家でとことん傷つけてしまえ」みたいなことを思う人は、母親にはあまりいないと思うんです（笑）

だけど割りと、男性、父親なんかは、結構そういうふうに思っている人がいるんですよね。

もちろん、すべて真綿でくるむように保護して保護して、いわゆる過保護の状態ですよね、そういうふうにしろとは言わないですけれど、やはり安心できる環境《かんきょう》で育てるということは、すごく大事なことだと思っています。

まずは、**家でしっかり親に大事にされることで、他者に対する信頼感《しんらいかん》が育つんですよね。**

「自分は守られているんだ」とか、「周囲は自分のことを理解してくれるんだ」という安心感が育ちます。そういうふうに育つと、「周りの世界も、きっと自分を理解してくれる」とか、「この世界で自分を必要としてくれる人がいるんだ」というように、いわゆる世界への信頼感《しんらいかん》、これを「基本的信頼《きほんてきしんらい》感《かん》」（ベーシックトラスト）というのですけれど、そういうことが育つわけです。

それが、自己肯定感《じここうていかん》*になっていくわけなんですよね。

逆に、例えば家の中で、虐待《ぎゃくたい》を受けたり、傷つけられたりした子どもは、人に対しては最初から不信感しか持てなくなります。

そうすると、世の中に出ても、人を信頼《しんらい》できない。だから人に近づくことができない。「近づいてもだまされるだけ」「傷つくだけ」みたいにね。そのために他人と深い関係を築けない、そういうふうになることがあるわけですよね。

ですから、家でまず、基本的信頼感《きほんてきしんらいかん》を育てるということは、人生の土台に

＊自己肯定感…「自分は生きている価値がある」「自分は大切な存在だ」「生きていていいんだ」「私は私でいいんだ」という、いわば、自分の存在に対する自信のこと。

なることで、そうして初めて、ポジティブに人生を生きていくことができるわけです。

もちろん、そのように育てられても、世間に出てだまされることもあるし、裏切られることもあると思います。だけど、そんなことがたとえあったとしても、だからといって、「自分に価値がない」とか、「やっぱりみんな、自分のことを必要としていないんだ」「自分はいらない人間なんだ」など、そこまでは思わないわけです。むしろ、「そういうふうに裏切る人が間違《まちが》っているんだ」というふうに思えるわけですよね。


もし、家で不信感しか持たずに育ったら、子どもは、信頼《しんらい》できる人さえも疑ってしまう、ということにもなってしまいます。

疑いの気持ちで接すると、ちょっとそういう言動があると、「あ、やっぱりウソなんだ」とか、「あ、やっぱりだまそうとしているんだ」と思ってしまうし、すぐに腹を立てる。そうすると、相手は決して最初は悪意でなくても、善意で接していても、攻撃的《こうげきてき》な言葉ばかり返ってくるので、「なんかこの人つきあいにくいな」みたいなことになってしまうわけです。そういう人っていますよね。

ですから、やはりそういう意味で、家庭っていうのは、心の土台を作る場所なので、そこで自分のことを理解される、あるいは、安心できる場所だということが、すごく大事なことなんですよね。

そういうことで、むしろ家でしっかり安心感を得た子どもは、たくましく育つことができる。特にＨＳＣの子は、環境《かんきょう》の影響《えいきょう》を受けやすいです。

保護的なよい環境《かんきょう》で育つと、自己肯定感《じここうていかん》が高い子どもに育ちますし、逆に虐待的《ぎゃくたいてき》な環境《かんきょう》で育つと、非常にビクビクした子になってしまうといわれているんですよね。

ですから、特にＨＳＣの子であれば、なおさらそういう安心感を与《あた》える関わりが大事だし、それこそ、これからの人生でいろんなことがあると思います。そういう人生も、たくましく生きていけるということなんですよね。

最初は不安だと思うのですけれども、家でじゅうぶんな安心感をもらうことで、「お母さんとばかりじゃつまらん」と思い始めて、外へ出て自立していくということです。

本当にそのとおりなんですよね。

それを、家に居場所を作っちゃいけないということで、家にいてもガンガン叱《しか》り続《つづ》けると、今度は家だけでなく、自分の部屋《へや》にこもってしまいます。それをさらに責め続けると、中からバリケードをします。それをさらに責めると、中からエアガンで撃《う》ってくるようになります（笑）

最後は結局、「学校にも家にも居場所がない」ということになり、「自分なんかこの世にいてもしかたがない、だから死ぬしかない」というふうになってしまうんですよね。

責められて責められて、最後に行きつくところは、「自分は生きている意味がない」「死にたい」というところなんです。

そうじゃなくて、たとえ学校に行けなくても、「少なくとも親はあんたのつらさを理解しているよ」と、「家はあんたの居場所だよ」と言ってほしいのです。

子どももそう言われると、「こんな自分でも生きていていいんだな」というふうに思えるわけですよね。それが回復の土台になっていく、ということです。

3

# HSCに理解のない人への対応

ＨＳＣの持つよさを伸ばしたいと思っても、
まだまだ理解のない人が多いです。
マイナスな見方をされたとき、
どう答えたらいいでしょうか。

Q

親としてはＨＳＣのよさを伸《の》ばしてやりたいと思って、心がけてはいるのですけれども、学校に通うようになり、ＨＳＣへの理解がない人が多くいると気づくようになってきました。

例えば、「よく気がつく」ことを、「気にしすぎる」というふうにとらえたり、「手がかかる」とか、マイナスにとらえたりする人もたくさんいて、困っています。

モンスターペアレントのように思われてしまう場面も出てくるので、ＨＳＣを知らない人に、どのように対応したらよいのかお聞かせいただきたいと思います。

A

おっしゃるとおり、専門家でも、教育関係者でも、HSCを知らない人が多いですし、ましてや、保護者は知らない人が多いです。そういう中で、いろいろ否定的な言葉をかけてくることもあると思います。

ただ、私は何よりも、子どもにとって、いちばん身近にいるお母さんが、こういうことを理解されている、ということが、どれほど幸せなことか、ラッキーなことかと思うんですよね。

私もいろいろな子どもたちを診《み》てきていますけれども、やはり何に苦しんでいるかというと、親が理解してくれない、ということです。もちろん、友達《ともだち》とか学校の先生に理解されない、ということもありますけれども、いちばん深いのは、親が全然理解してくれない、なかなかわかってくれなかった、という悩《なや》みです。

逆にいえば、**もし他の人に否定されることがあったとしても、親だけでも、自分のことをわかってくれる、信じてくれる、それだけで子どもは生きていけるのです。**

それほど親には大きな力があるんだということを、ぜひ知ってもらいたいと思います。

ＨＳＣに限らず、学校ではいじめなど、いろいろな問題があります。もちろんそういうのをなくしていく努力をしていくのも大事ですけれども、なかなか独りで世の中を変えることはできません。だけれども、少なくとも自分の子に対しては、理解する、支えるということができる。実はそれが子どもにとっては大きな支えになっているんだ、ということを知っておいていただきたいと思います。

今後、学校に行きたくないと言うこともあるかもしれません。けれども、親がしっかり理解して支えていけば、そういう子は必ず元気になるし、回復していきます。

それほど親の理解が大事なんだ、ということを、まず知っていただきたいと思います。

ただ、そのうえで、もっともっと多くの人に知ってもらうことも大事なので、一生懸命《いっしょうけんめい》講演していますし、少しずつ広がっていくと思います。

具体的に学校の先生に理解してもらうにはどうするかというと、実は拙著《せっちょ》『ＨＳＣの子育てハッピーアドバイス』の中に、学校の先生に理解してもらいたいことを、まとめて書いているところがあります（本書１９５ページに転載《てんさい》）。

実はこれは、アーロンさんが書いた『ひといちばい敏感《びんかん》な子』に、そういう章がわざわざ設けられているんですね。それくらい学校の先生の理解が大事だということなんだと思います。アーロンさんの本では、20項目《こうもく》ですが、私の本はそれをさらにしぼって10項目《こうもく》にまとめています。先生方に何とかわかってもらえるようにと、マンガつきでわかりやすく書いたので、そのままコピーして渡《わた》してもらってもいいと思いますし、特にこの部分は気をつけてもらいたいというところには、付箋《ふせん》を貼《は》るとか、マーカーを引くとか、そういう形で活用していただけたらと思っています。

ただ、一保護者から言っても、なかなかわかってもらえないということもあります。そういう場合は、学校の中で、そういうことを理解してくれる先生がきっといると思うのです。例えばスクールカウンセラーとか、保健の先生とか。担任の先生が理解してくれなくても、学年主任や教頭先生、わかってくれそうな人にまず話をして、そこから伝えてもらう。

親から話してもなかなか伝わらないことでも、例えばスクールカウンセラーから伝えてもらえば、それなりに伝わることもあると思います。

今、ＨＳＣについて、医師の学会で呼ばれたことはあまりないのですけれど、臨床心理士《りんしょうしんりし》の人たちは強い関心を持っていまして、県単位の勉強会にはしばしば呼ばれて講演しています。だから、そういうところでは広がってきているんだなと思います。

ＨＳＣは病気ではないし、専門家でないと治せないということではありません。治す必要もありません。特性なので、親御《おやご》さんが理解して支えていくということが大事ですし、なかなか理解してもらえなくてつらい思いをすることもあるかもしれない。だけど、そこは腹をくくる。

アーロンさんは、**「人と違《ちが》う子を育てようとするならば、人と違《ちが》う親になる覚悟《かくご》が必要です」**と言っています。

やっぱり子どものことは、親御《おやご》さん以上に知っている人はないわけですから、ぜひ支えてもらいたいと思います。

**そうやって悩《なや》んでいる親御《おやご》さんの子育ては、決して間違《まちが》っていません。**自信を持ってもらいたいと思います。

HSCの
子育てハッピー
アドバイス

4

# 母親のせいにされたとき

娘が保育園を何度も変えたのを、
母親の虐待のように言われてしまいました。
接し方によって伸びる子なのに、
どうして理解してもらえないのか悩みます。

Q

うちの娘《むすめ》は、保育園を数回変えています。本人が嫌《いや》だと言うのもあって続かないんですが、行政の人にいろいろ言うと、「あんたがおかしい」「保育園を何度も変える母親なんかいない」と言われてしまいました。

知育に力を入れている幼稚園《ようちえん》に行くようになって、今はすごく楽しそうで、何とか卒園までは行けそうです。

ただ、今日の明橋先生のお話で、うちの子は、ＨＳＳ（刺激探求《しげきたんきゅう》型《がた》）でもあるなと思いました。

２歳か３歳のとき、発達障がいじゃないかと心配になって、病院に紹介状《しょうかいじょう》を書いてもらったんですが、「全く障がいはない」と言われました。だけど、何かこだわりがある。私はどうすればいいんだろう？

ふつうの子となぜ違《ちが》うんだろう?と悩《なや》みました。

また、ちょっと子どもにどなってしまったのを、保育園の先生に虐《ぎゃく》待《たい》と言われてしまったこともあります。なぜわかってもらえないのか、保育園はなぜ受け止めてくれないのか、という思いが今でもあります。

先生たちには、HSCを理解してもらうためのプリントを配るなどしています。小さな積み重ねで、10年後には、今の子どもたちが生きやすい世の中になると思うんですが、もっと早く実現する方法はないのでしょうか。

A

ありがとうございます。お母さんの気持ちは本当によくわかります。私のところに来ている人でも、しょっちゅう保育園を変えるお子さんもあります。それは、別にその親御《おやご》さんが保育園を気に入らないから変えているんじゃなくて、やっぱり子ども自身が、行きたくないとか、行くのがつらいということで、そうしているわけですよね。

**親の関わりは、その子どもの症状《しょうじょう》の原因ではなく、結果なんです。**

そういう、ひといちばい敏感《びんかん》で、HSS（刺激探求型《しげきたんきゅうがた》）の特性を持つ子につきあっていると、無理強《むりじ》いはできないし、そうやって子どもの言うことを聞いていると、そういうことにならざるをえないわけです。

それは決して育て方のせいではないし、親御《おやご》さんのせいではないんです。

けれども、「親がこうしているからこうなるんだ」みたいな、親の関わりを原因だと思っている人が、まだまだ多いです。

だから私なりに、何とかこれを理解してもらおうと思って出したのが、『ひといちばい敏感《びんかん》な子』や、『HSCの子育てハッピーアドバイス』です。でもこれはゴールではなくて、スタートだと思っています。

講演は、全国で年間100回ぐらいしていますが、ほとんどすべての講演で、このHSCの話はしていますし、自分なりに一生懸命《いっしょうけんめい》伝えているつもりなんですけれどね。10年とはいわず、本当に数年《すうねん》で何とか伝わるようにと願っています。

今日はマスコミの方々、新聞やテレビ関係者もたくさん来られていますので、ぜひこういう声を受け止めていただきたいな、と。もっともっと、そういう知識が広まってくることで、救われる親子がたくさんいるということを、知ってもらいたいなと思います。

そのうえで、ぜひお伝えしたいのは、確かに、なかなか保育園が合わなくて変えることもあるかもしれません。行政などに理解してもらえないこともあります。

だけど、**いちばん身近なお母さんが、ちゃんとお子さんを理解して支えているわけだから、それはもう何よりも、子どもにとって幸せなことだと思います。だから私は、決してその子が不幸だとは思わないのです。**

5

# 肌触りが気になる悩み

チクチクするのが気になって、
決まった服しか着たがりません。
今は娘の気持ちを優先していますが、
いつになったら変わるのかと思ってしまいます。

Q

4年生の娘《むすめ》が、まさに、ひといちばい敏感《びんかん》な子なんですが、とにかく決まった服しか着られないんです。服、靴《くつ》、ランドセル、全部です。娘《むすめ》の気持ちを優先していると、本当にもう半年間、ずっと同じ服を着るなどするんですね。

親としては、他にかわいい服も着てほしいんですが、いつもの服を洗濯《せんたく》するのさえ嫌《いや》がります。

今はしかたがないと思って、娘《むすめ》の気持ちを優先しているというか、思いどおりにしているんですが……。

「年頃《としごろ》になれば変わるのかな？」という思いで、ここまできたのですけれど、娘《むすめ》がつらくならないような、いい声かけがあったら、アドバイスをお願いします。

A

**明橋** 同じ服というのは、肌触《はだざわ》りの問題なのか、新しい服に慣れないということなのか、どっちなんでしょうね。

**質問者** そうですね。触《さわ》ってみて、「もう着られない」という感じです。

**明橋** 肌触《はだざわ》りね。

**質問者** はい。一度着て痛かったら、トラウマじゃないですけれど、「着られない！」ってなります。「これなら着る、同じ服じゃなきゃ嫌《いや》だ」となって、それを3枚買おうが何枚買おうが、同じ物を着たがります。同じ柄《がら》で同じ物でも、「ダメ」ってなっちゃうこともあります。

**明橋**　それは例えば、同じ会社の同じデザインの同じ服でもですか？

**質問者**　そうなんです。洗濯《せんたく》したあとの、ちょっとした肌触《はだざわ》りの違《ちが》いでパニックになったり、「好きな絵じゃない！」って言いだしたりします。

**明橋**　そうなんですね。たいへんだと思います。まさにＨＳＣの子の特徴《とくちょう》だと思います。

基本的には無理強《むりじ》いはできないというか、まあ、させてくれませんよね。絶対拒否《きょひ》されるので。

だから、やはり子どもが選ぶ物を与《あた》えるしかないのですけれど。

ただ、親として、一応、工夫《くふう》というかね、肌触《はだざわ》りが問題であれば、肌触《はだざわ》りの優《やさ》しい物をできるだけ選ぶとか、同じような柄《がら》で、ちょっとだけ違《ちが》う物を選ぶとか、いろいろ工夫《くふう》はあっていいと思うんです。

それでも、お子さんが「これがいい」と言う場合は、同じ物を繰《く》り返《かえ》して、ということにならざるをえないと思います。

私はそういうふうに、こちらがある程度、腹をくってやっていくしかないと思います。よそからは、「同じ服ばかり着せて」とか、「あそこはお金がないのかしら?」なんて思われる心配もあると思います。だけど、そういうものとは境界線を引いて、**うちはうち、と腹をくってやっていると、逆に子どもが安心して、「ちょっと挑戦《ちょうせん》しようかな」という気持ちになることがあるんですよね。**

要するにそこで、親が本当に自分の気持ちをわかってくれているかどうか、ちゃんと自分の気持ちや感覚を尊重してくれているかどうか、ということが確認できれば、子どもは安心できると思います。安心すると、「じゃあ、ちょっとチャレンジしようかな」という気持ちになるわけです。

ですから、私はいろいろ工夫《くふう》してもも難しければ、もういったん100パーセント、子どもの言うとおりにしてもいいと思います。

成長とともに、女の子なら彼氏《かれし》ができて、「おまえ、同じ服ばかり着てるな」などと言われたら、「これはまずい」と思うわけです。

だから、成長とともに変わってくる部分もあるし、そのためには、いったんは子どもを受け入れるというのは、あっていいんじゃないかなと思います。

そういう、**今、手のかかる子は、それだけ自己主張しているということだし、それだけ信頼関係《しんらいかんけい》ができているということです。**それが何より大事なことで、そういうふうに信頼関係《しんらいかんけい》を築いて育った子どもは、どこかで逆に、自立していくのではないかと思います。

6

# 人との関わりが心配

息子はまだ、小学校へ１日も通えていません。
人嫌いなわけではありませんが、
この先、ちゃんと人と関わっていけるのか心配です。

Q

明橋先生の『ＨＳＣの子育てハッピーアドバイス』が出て、すぐに読ませていただきました。うちの子もＨＳＣで、育てにくいタイプの子どもです。この本には、その育て方が、○×（マルバツ）で書かれていて、すごくわかりやすく、本当に参考になりました。

今、子どもは学校に行っていなくて、家で過ごしているような形です。家族以外との関わりがなく、保育園には通っていたのですけれど、途中《とちゅう》で通えなくなってしまい、保育園は退園しました。この4月から小学校だったのですが、まだ行けなくて家で過ごしています。

家にいると、やっぱり周りからは、「そんなことでどうするんだ」とか、「家族以外との関わりがない中で、この先どうするんだ」っていう言葉を受けます。

私もそういう不安はあるのですけれど、息子《むすこ》は全く人が嫌《きら》いだということではないし、興味もあるし、ただ敏感《びんかん》すぎて、何でも感じ取ってしまって、今は外に出られない状態です。今は休んでる期間なんだって思って、過ごさせているんです。

でもこちらの態度に、少しでも「外に出てほしい」という気持ちが表れると、それを感じてしまって、よけいに出たくないって。やっぱり察してしまうんですね。

外の人との関わりをどう持つか、今とても悩《なや》んでいます。

A

保育園のときから行かなくなって、小学校に入っても行っていないということですよね。

そういうお子さんは、結構たくさんいて、聞くとやっぱり保育園でいじわるされたりとか、悪口言われたりとか、いろいろあるわけですよね。そういうのを聞き流せる子どももいるけれども、それですごく傷つく子どももいるわけですね。

それが1回や2回じゃなくて、何回も続いたら、やはり保育園や学校に行きたくない、というのも、あることだと思うんですよね。そういう子を無理やり行かせようとすると、そのうち、学校や保育園だけではなくて、「親さえも自分のつらさを理解してくれないのか」というふうになってきます。

そうなると、どう言いだすかといったら、「死にたい」とか、「生まれてこなければよかった」、そういうふうに言う子もいるわけです。そこまでして保育園に行かないといけないのか、ということですよね。**もちろん、学校や保育園は大事な意味もあるけれども、そんな死ぬような思いまでして行かなければならない所では、決してないと私は思っています。**

実際ですね、いじめ自殺、毎年何十人も報道がありますよね。いじめ自殺っていうのは、学校に行かなければ死ななくてよかった人です。学校に行ったがために、傷ついて死を選ばざるをえなかったわけですよね。

ですから、もちろん、学校や保育園の意味を私はよくわかっていますけれども、命を削《けず》ってまで行かなくちゃいけない所ではない。

そういう子でも、ちゃんと成長することはできるし、大人になって、人と関わることが大事だといわれますが、ゼロとはいわないまでも、あんまり人と関わらない仕事もたくさんあるわけですよね。

最近は在宅で、インターネットで仕事をもらって、翻訳《ほんやく》なり、文章なりを作って送るという仕事もあります。あるいは、トラックの運転手さんのように、もちろん積み下ろしのときは人と関わりますけれど、一人で運転しているような仕事もあります。だから社会に出れば、いろんな仕事があって、みんながみんな、営業マンみたいに、コミュニケーションが達者でないと仕事できないわけではないんですよね。

ですから私は、どうしても難しいということならば、家で学ぶという選択《せんたく》肢《し》もあっていいんじゃないかなと思います。

勉強はどうするんだということもありますけれども、今、いろんな教科についてYouTubeでね、すごくわかりやすい授業をやっています。ここに学校の先生がいたら申し訳ないですが、場合によっては、学校の先生よりもはるかにわかりやすいというね。例えば「とある男が授業をしてみた」という番組です。そういうシリーズで出ていますので、インターネットで勉強することができます。

実際、アメリカではホームスクーリングといって、自宅でインターネットなどを使って勉強している人がたくさんいますしね。そういう中で成長していくこともできるわけです。

もちろん、人との関わりも大事だけれど、**何のために生まれてきたのかというと、幸せになるために生まれてきたわけで、他人と関わることで不幸になるならば、別に関わらなければいけないことなんてないんです。**それでやっていける人もいるっていうことですよね。

私の大好きな小説に、『西の魔女《まじょ》が死んだ』(梨木香歩《なしきかほ》・著)があります。映画にもなっています。

これは女の子が不登校になって、おばあちゃんのところに預けられ、そこで魔女訓練《まじょくんれん》を受けるという物語です。いろんな生活の知恵《ちえ》を教えられるという話なんですけれども、おばあちゃんの言う名台詞《めいぜりふ》があるんですよね。

「自分が楽に生きられる場所を求めたからといって、後ろめたく思う必要はありませんよ（中略）。シロクマがハワイより北極で生きるほうを選んだからといって、だれがシロクマを責めますか」

いや、そんな北極なんて寒いから、ハワイでゆっくりのんびり過ごしたらいいじゃないかと、みんなは言うかもしれないけれど、シロクマにしたら、北極が住みやすい場所なんですよ。ハワイでは生きていくことはできないんです。そういう自分の生きやすい場所を選んで、誰《だれ》に責められる筋合いがありますか、というふうに言っているのですけれども、私は本当にそうだと思います。

なかなか周りの人には理解してもらえないことなのですが、親が目の前で見ていたら、本当に子どもが苦しんでいるのがわかりますよね。だから私は、子どもの気持ちを尊重するということで、決して間違《まちが》っていないと思います。親が腹をくくって、「頼《たの》むから家にいてくれ」と言うと、逆にそのうちに、「家にばっかりいたら退屈《たいくつ》だ、どこか行きたい」ということを、また言いだすんじゃないかなと思います。

実際に私が関わっている子でも、敏感《びんかん》な子で、そういうふうに保育園で傷ついて、小学校もなかなか行けなかったということがあります。それでも少しずつ外に出られるようになったり、高校ぐらいになって、自分で高校へ行くことを考えたり、という子もいます。

それぞれの育ち方には、いろいろあるんだと思っています。

7

# 恋愛で気をつけることは？

ＨＳＳ（刺激探求型）も併せ持った高校生の娘ですが、相手の気持ちを気にしすぎてしまうところがあります。

これからの恋愛や対人関係で気をつけることは？

Q

家族そろってＨＳＰです。

わが子が中学生のとき、いわゆる仲間外れになりました。そうすると、娘《むすめ》は本当に典型的なＨＳＰで、病《や》んでしまったんです。今は、ちゃんと学校で学ぶようになったのですが、一つすごく気になって心配なことがあります。

高校生になって恋愛《れんあい》の悩《なや》みが出てきたんですね。すると、自分が振《ふ》られたわけでもないのに、ものすごく動揺《どうよう》して、それこそ過呼吸を起こしてしまうほど具合が悪くなってしまうんです。この先も、この子は、どうなっていくんだろうというのが気になってしまって、先生にお聞きしたいなと思いました。

**A**

**明橋**　どういうときにパニックになったのですか？

**質問者**　つきあっていた子に、こちらから別れを切り出したときや、お友達《ともだち》だと思っていた子からの告白を断ってしまったときに、自分が振《ふ》られたわけではないのだけれども、その子の気持ちになって、本当に何日も何日も具合が悪いんですね。もうこの先、こんなに心揺《こころゆ》さぶられていて大丈夫《だいじょうぶ》なんだろうか、と思いました。

**明橋**　そうですね。ＨＳＣは確かに対人関係でしんどい思いをするんですね。だからＨＳＣ、ＨＳＰの子は、あんまり友達《ともだち》は多くないと思われがちです。だけど、たいてい１人２人は親友がいて、その人とは非常に深く友達《ともだち》づきあいをするといわれています。

対人関係の問題は、生きていくうえでしかたのないことなんです。ですから、お子さん自身が生きていく中で、自分の上手《じょうず》な気持ちの処理のしかたを覚えていく。一つは、「境界線を引く」ということなんですけれどね。英語ではバウンダリーといいます。そういうバウンダリー、境界について、いろいろ学んだり、ワークをしたりとかね、そういうことによって、少しずつコントロールできるようになっていくと思います。娘《むすめ》さん自身が、自分の課題ということで、取り組んでいったらいいんじゃないかな、と。

つらいこと以上に、幸せなこともたくさんあるわけで、ある意味、波乱万《はらんばん》丈《じょう》といいますか、いろんなつらいこともあるけれど、幸せなこともたくさんある。どちらも大切な経験だと思います。

8

# 友達との境界線の引き方

小6の娘は、自分も悩みがあるのに、友達の悩みにいつも振り回されてしまいます。
「境界線を引くこと」を、どう伝えればいいでしょうか。

Q

小学校6年生の娘《むすめ》が、今、学校に行けていません。クラスに同じようにもう一人、不登校の子がいるんですが、お互《たが》い電話して悩《なや》みを聞くなどしているみたいなんです。

ＨＳＣは他人の気持ちに左右されやすいという話、まさにそれです。娘《むすめ》は今、プールの時間だけは行くように努力するって自分で決めています。

一昨日も行こうと用意していたんですね。そのときに、そのお友達《ともだち》から電話があって、たぶん「不安だ」って、相談されたんだと思います。娘《むすめ》は「大丈夫《だいじょうぶ》だよ」って言っているんですね。ところが電話を切ったら、「ああ〜。嫌《いや》だ。つらい」って言いだすんです。私が「大丈《だいじょう》夫《ぶ》だよって、言ってたじゃない？」と答えてしまったら、「ママは私の気持ち全くわかってない！」って。

「境界線」という話ですけれども、例えば11歳か12歳の子どもに、どのように伝えればいいかな、と思うのですが。

# A

まずは子どもの気持ちに共感することが大切です。だから、「あなた、大《だい》丈夫《じょうぶ》って言ってたじゃないの？　自分で言って、あんたどうするの？」みたいなことを言うと、子どもは、「親はわかってくれない」ということになるわけです。

「人には大丈夫《だいじょうぶ》と言っていたけれども、あんたはそれで疲《つか》れちゃったんだよね」と、一言必要なんですね。そのうえで、「どうする？」「行ってみる？」と、相談して、最終的に決めるのは、やはり子どもしかないと思います。

私は、境界線という言葉はわからなくても、やはり、**「人は人、自分は自分」、「他人の気持ちまで全部受け止めなくていいんだよ」ということは、話していけば少しずつ理解できると思います。**

子ども自身も、そういうことは感じていると思うのでね。ただそれは、頭で理解できることと、できるということとは違《ちが》いますけれども。やはり子どもにわかる言葉で。そういう意味で、私はマンガも入っている『ＨＳＣの子育てハッピーアドバイス』は、小学校高学年になったら読めますから、子どもにも読んでもらいたいと思っているんです。子どもにもわかる言葉で書いています。

私はぜひ子どもにも、子どものときから、こういうことを知ってもらいたいと思っています。そして自分を肯定《こうてい》して、自分の優《やさ》しさを認めて、なんとかこの世の中でより生きやすくなるコツを身につけてもらいたいなと思います。

9

# 学校でのしんどさをフォローするには

学校など、親の手の届かないところで
過ごしづらさを感じているとき、
家でどうフォローしていけばいいでしょうか。

Q

『HSCの子育てハッピーアドバイス』を読んで、自分の子どもに当てはまるところがたくさんあり、とても参考になりました。

小学校などの集団の場では、そのような子どもたちは、過ごしづらさを感じたり、勉強に集中しにくいと感じたりすることもあるのではないかと思います。

そういう子たちに手を差《さ》し伸《の》べるときに、気をつけることがありましたら、教えていただきたいと思います。

A

敏感《びんかん》さという特性から、集団場面、人がたくさんいてガヤガヤしている場所とか、特にいろいろ悪口を言ったり、傷つくようなことを言われたり、そういう中でつらさを感じる子どもも、決して少なくないと思うんですよね。

一応、学校に行っている状況《じょうきょう》であれば、それはそれで続けて行かせたらいいと思います。

ただ、子どもが、こういうことで「しんどい」とか、「疲《つか》れた」とか、「嫌《いや》だった」とか、そういう話をしてきたときに、それを頭ごなしに否定しない、まずは子どもの言葉を信じて、共感することが大切です。

こういうことが嫌《いや》だったと言うなら、「嫌《いや》だったんだね」とか、「そういうことを言われたら嫌《いや》だよね」。疲《つか》れたと言ったら、「たくさん人がいる中で、疲《つか》れちゃうんだよね」と。そういう、**気持ちに共感する言葉をぜひかけても**

**らいたいと思います。**

そう言われても、行かなきゃいけない、ということはそうなんですけれども、つらい中、苦労している自分の気持ちをわかってもらえる、「そんな中、毎日よくがんばって行ってるよね」とか、「今日もよく行ってきたよね」と、自分のがんばりを認めてもらうと、それだけで気持ちがスッキリして、また明日行こうかなという気持ちにもなれると思うんです。

ですから、やはりそういう過ごしづらさの中で、がんばって学校へ行っている子どもの苦労に共感して、そのがんばりを認めるということが大事ではないかと思います。

10

# 不安を取り除く抱っこに2とおり

2歳の息子は、大きな音や、新しい場所を怖がります。
今は抱っこすれば大丈夫ですが、
抱っこできなくなったとき、
どうやって安心させればいいでしょうか。

Q

今2歳のHSCの息子《むすこ》がいます。大きな音を怖《こわ》がったり、新しい場所を怖《こわ》がったりしたときは、抱《だ》っこすれば大丈夫《だいじょうぶ》な様子です。ただ、いつまでも抱《だ》っこできるわけではなく、限界がくると思います。もっと大きくなったときは、どのように対応すれば、その場に安心していられるでしょうか。

**A**

2歳だったらまだ持ち上げることもできるけれど、大きくなってくるとね、もう持ち上げるのもたいへん、こっちが支えてほしいわ、ということにもなると思います。

抱《だ》っこというのは、ただ体を抱《だ》っこするだけじゃなくて、**心を抱《だ》っこするという方法もあるわけですよね。**

「抱《だ》っこ法《ほう》」ということを言っている人もありますけれど、ただ体を抱《だ》っこする、それも大事なんですけれども、心を抱《だ》っこするというのは、子どもの気持ちを受け止めて共感する、がんばりを認める、ということだと思うんですよね。

そういうふうに気持ちを受け止めてもらって、気持ちを抱《だ》きしめてもらえるだけで、「またがんばろう」という気持ちになれると思うので、そういうことは、子どもが大きくなっても、できることだと思います。

よく親の介護《かいご》で、親が寝《ね》たきりになって、それを世話して、こちらが親を抱《だ》っこして移動させたり、介助《かいじょ》したりしているのですけれど、そういう寝《ね》たきりの親から、「あんたもよくがんばってるな」「ありがとう」と言われるだけで、なんかこちらが支えてもらっているような気持ちになる、という話を聞きますよね。

決して肉体だけではないんじゃないかなと思います。

11

# ＨＳＣの将来の進路の考え方は？

不登校と転校を繰り返しながらも、
今は大学を目指し受験勉強をしています。
ＨＳＣが将来の進路を考えるとき、
気をつけることはありますか。

Q

娘《むすめ》は幼稚園《ようちえん》のときから、不登校と転校を繰《く》り返《かえ》しながら、今は浪人《ろうにん》生《せい》として大学受験に向けてがんばっています。将来仕事をするにあたり、ＨＳＰの人の進路《しんろ》選択《せんたく》はどのような点に注意していけばよろしいでしょうか。

A

一時、不登校になったり、転校したりしたのだけれども、今は大学受験に向かってがんばっているということで、だいぶ元気になってこられたんだと思います。

そういう子どもが、将来どういう進路選択《しんろせんたく》をするかということなんですけれども、これはＨＳＣ・ＨＳＰの特性をよく知って、その特性に合った仕事をまず選ぶのがいいいんじゃないかなと思います。例えばＨＳＰは、人に優《やさ》しい、人の気持ちや苦しみに気づくということがあります。ですから、そういう意味で、人のケアをする仕事、カウンセラーとか、介護《かいご》の仕事とか、保育士さんとか、あるいは看護師さんとか、そういう仕事は向いているんじゃないかなと思います。逆に営業とか、次々次々、新しい人に会わないといけないとか、あるいは、人を蹴落《けお》としてでも、のし上がらないといけないとか、そういう仕事というのは、ＨＳＰにとってはちょっとしんどいかなという気がします。

ＨＳＣ・ＨＳＰといっても、それぞれ敏感《びんかん》さが違《ちが》うので、味に敏感《びんかん》という人はソムリエとか、利《き》き酒師《ざけし》なんかが向いているかもしれませんし、聴覚《ちょうかく》が優《すぐ》れている人は、調律師などが向いているかもしれません。敏感《びんかん》さというのも人それぞれ違《ちが》うので、そういう敏感《びんかん》さが生かせるような仕事がいいんじゃないかなと思います。

人が苦手だという人もあるでしょうけれど、大人になったらいろいろな仕事があります。まあ、最近であれば、インターネットを介《かい》してデータをやりとりして、そんなに人と関わらなくても仕事ができることもあります。

そういう子どもに合った仕事を選んだら、素晴《すば》らしい力を発揮して活躍《かつやく》できるんじゃないかなと思います。

12

# 子どもにＨＳＣを正しく伝える方法

不登校になって６年半、
思春期を迎えた息子自身に、
敏感さとのつきあい方を
学んでいってほしいと思いますが、
ＨＳＣをどう説明すればいいか悩みます。

Q

中学3年生の男の子を育てていて、不登校6年半になりました。学校の制服が着られなかったり、大きな音に敏感《びんかん》で学校にいられなくなったりして、先生とはいろいろやり取りをしたんですが、なかなか折り合いがつけられないまま、長期化しています。

しかし今日の明橋先生のお話を伺《うかが》って、彼《かれ》のそういう特性、ものすごく苦労したときはあったんですが、比較的《ひかくてき》それが生かせていて、今は自分の好きなことに夢中になっているのだとわかりました。

ただやっぱり、それでも苦労することがたくさんあって、年齢《ねんれい》が進んで春から高校生になるので、そろそろ親がサポートするというよりも、自分自身が自分の特性を理解していって、その特性とこれからどうやってつきあっていくか、という話をする時期にきているのではないかなぁと思っています。
思春期にも入ってきているので、本人のそういった特性を、どう話していけばいいのかな、というのに今悩《なや》んでいるところです。

A

思春期になりますと、親から話しても、よけいに反発するということもあると思います。
そういう子に伝えるのに、うってつけの本があります。それが、この本（『HSCの子育てハッピーアドバイス』）です（笑）
この本を、このまま読んでもらったらよいのではないかと思います。
子育ての本を子どもが読むのはどうなのかと思う人もあるけれど、実は、この本は、子どもに読んでもらうことも想定して書いてありますし、実際、多くの子どもが読んでいます。

それもね、読みなさい、と言ったら読みたくないということもあるかもしれないけれど、それとなく、その辺に置いておくと、自分で何か悩《なや》んだときに、「読んでみようかな」と思うかもしれない。

読んでもらってかまいません。子どもたちからもたくさん感想が来ていましてね。

ある子なんか、これを読んで、「お母さん、自分のことを全部この先生にしゃべっているんじゃないか」とか、「自分の家に監視《かんし》カメラがついているんじゃないか」と。それほど、自分がやっていること、ふだんの様子がすべてこの中に書かれていて、びっくりしたという子どもが、一人や二人じゃないんです。

・本を読むことで、子ども自身が自分を理解できるし、それによって自分を否定しなくて済む。やっぱり子どもなりに自分がおかしいんじゃないか、自分が変なんじゃないか、と自分を責めているわけです。

だけど、ポジティブなメッセージもたくさんありますし、これを読むことで、自分を認めることができるようになってくれたらな、と思っていて、ぜひ子どもたちにも読んでもらいたいと思っています。

それで、伝えるタイミングですが、何も悩《なや》んでいないときに言っても、イマイチぴんとこないと思います。ただ、生きていくうえで、いろいろと悩《なや》むことは必ずあります。そういうときに、「実はこういう考え方もあるんだよ」ということを言ってもらったらいいんじゃないかなと思います。

不登校という話ですけれども、**私はいろんな不登校の子を見ていますが、結論からいうと、不登校は、本当にね、心配ありません。**

必ずみんな元気になっていくし、特に親御《おやご》さんが理解して支えている子どもは、そんな1カ月や2カ月ですぐに変わることはないけれど、1年2年、そういう単位で見ていくと、必ず元気になります。

また、教育機会確保法という法律が、平成28年12月に制定されました。私も、その法律制定のきっかけになった「多様な学び保障法を実現する会」の発起人《ほっきにん》をやっていますけれど、いろんな学びの形を認める、そういう法律もできました。

不登校の対応は変わりつつあります。そういう意味で、大丈夫《だいじょうぶ》だと思っています。

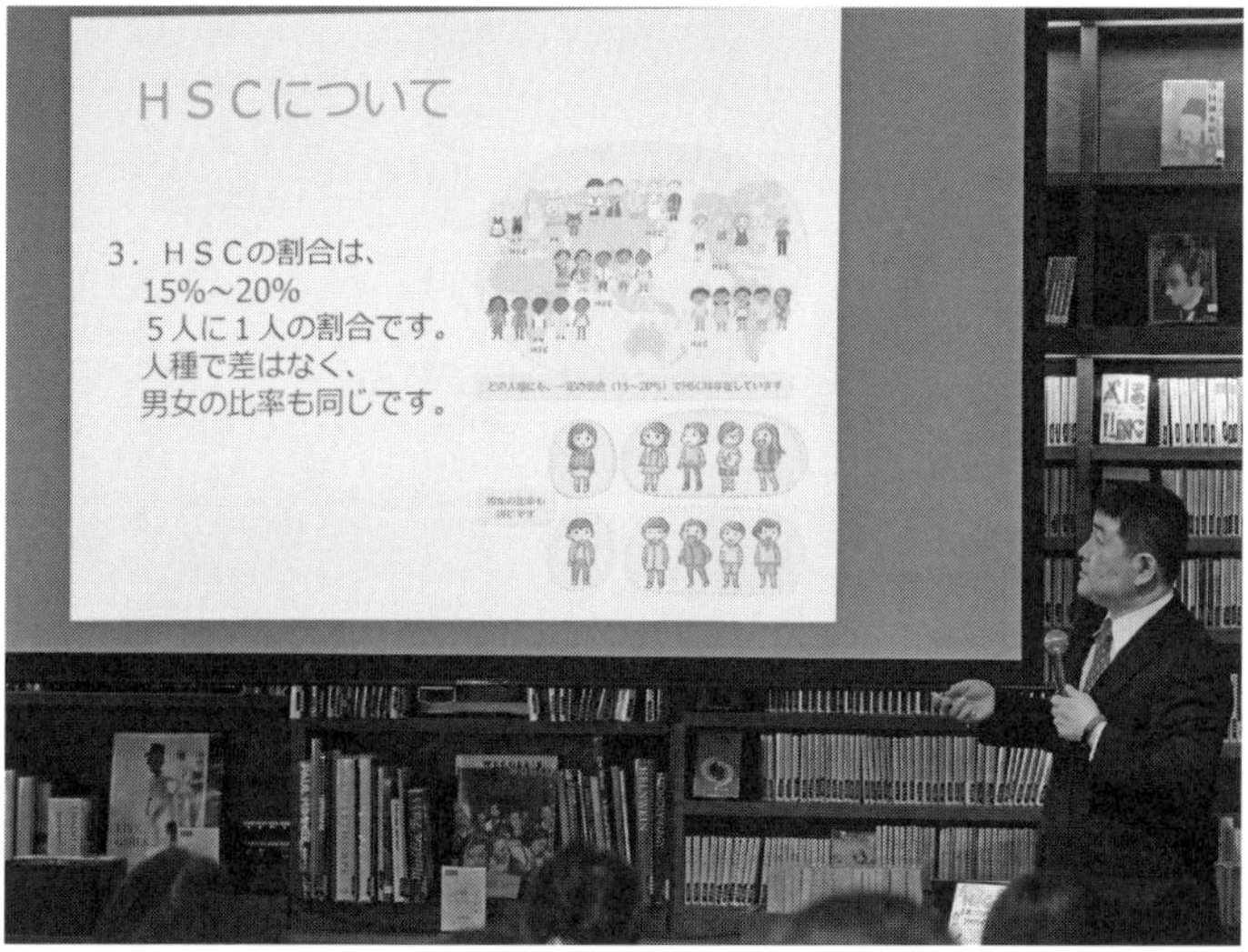

13

# 幼稚園は早く通わせたほうがいい？

2歳児健診のとき、よく泣く娘を見て
「プレ幼稚園に通わせたほうがいい」と
保健師さんに言われました。もっと一緒にいて、
安心感を与えたほうがいいと思うのですが。

Q

2歳の娘《むすめ》がいまして、よく泣くので、発達障がいなんじゃないかと悩《なや》んでいたときに、先生の本と出会いました。当時、1歳半過ぎだったんですけれど、とても救われまして、すごく感謝しています。

今の悩《なや》みとしては、2歳児健診《さいじけんしん》がこの間ありまして、そのときに、やはり外だとすごく泣いてしまう子なので、保健師さんから、「この子は特に警戒心《けいかいしん》が強い子だから、来年度には、幼稚園《ようちえん》のプレに通える年齢《ねんれい》になるので入れたほうがいい」というアドバイスをもらったんですね。

明橋先生の本を拝見すると、安心感を与《あた》えるほうが大事と書かれてあって、今、仕事をしていないので、幼稚園《ようちえん》に通うまでは娘《むすめ》とずっと一緒《いっしょ》にいてもいいのかな、と考えていました。そんなときに、「プレ幼稚園《ようちえん》に通わせたほうがよい」というアドバイスをもらったので、悩《なや》んでいます。

プレ幼稚園《ようちえん》に通うことのメリット、デメリットがあれば教えていただきたいと思います。

A

HSCといっても、いろんな子がいます。ご質問のように、警戒心《けいかいしん》の強い子もありますが、幼稚園《ようちえん》に難なく溶《と》け込《こ》む子、集団がそんなに苦手でないという子もいます。特に、HSS（刺激探求型《しげきたんきゅうがた》）のタイプの子だと、そういうのを求めます。

最初は警戒《けいかい》していたけれども、慣れてきたら、生き生き遊びだす、という場合もあります。私は、みんながこうすべきだ、ということはないと思っていて、その子どもの様子を見ながら、そのつど判断をしていく、ということが大切なんだと思います。

「警戒心《けいかいしん》がすごく強い子だから、プレ幼稚園《ようちえん》に入れたほうがいい」ということですけれども、外では泣いてしまうような不安そうな子だったら、安心感が必要ですから、もう少しじっくり家で見て、自分で幼稚園《ようちえん》に行きたいと言いだしてから、連れていく、という考えもあると思います。

実際、ＨＳＣの子どもで、いったん幼稚園《ようちえん》に入ったけれど、先生の叱《しか》り声《ごえ》が怖《こわ》くて、自分が叱《しか》られているんじゃないんだけれども、登園しぶりが始まって、結局、幼稚園《ようちえん》をやめた、という子もあります。そういう子は、家でお母さんが見ているのですけれど、すごく明るくなったし、食欲も出てきたし、幼稚園《ようちえん》は行っていないけれど、今のほうがよっぽど元気になった、という子もいるわけです。

少なくとも、保育園、幼稚園《ようちえん》は義務教育ではないので、私は、家で見るということがあってもいいと思っています。

ですから、子どもが何を求めるか、それにそのつど対応していけば、私は決して間違《まちが》っていないと思います。子どもの言いなりになることがよくないみたいなことを言う人もたくさんいますけれど、**子どもなりに思いがあるわけです。それを尊重するというのは、決して悪いこととは思いません。**


ただ、子どもが本当は行きたいと思っているのに、親が自分のトラウマみたいなものがあって、幼稚園《ようちえん》ですごく傷ついた、幼稚園嫌《ようちえんきら》いだ、ということがあって、「あんた行かなくていいから」と言うのもよくないと思います。

やはり、親と子どもは別の人生なんだから、子ども自身に聞いてみて、「じゃあ行ってみる」と言って行けば、そのままでいいし、だけど、言っても言っても、どうしても行きたくないということであれば、行かなくてもいいでしょう。

子どもと相談しながら進める、という方法は決して間違《まちが》っていないし、子どもの声を聞きながら、やってもらったらいいと思います。

家を出たら警戒心《けいかいしん》を克服《こくふく》できるという場合もあるかもしれないけれど、逆に無理して行って傷ついて、よけいに怖《こわ》くなっちゃった、という場合もあるわけですよね。

私からすれば、やっぱり、心の安心感がいちばん大事だと思います。

そのうえで、新しい場所になじむためのサポートのしかたをいくつかお伝えしたいと思います。

**ステップ1　準備と予習**

①新しい場所に、責任者がいるなら、まずその人に、この子の特性について、じゅうぶん知っておいてもらう。そして安心感を持つための手助け

をしてもらう。

② 前もって、子どもに、説明しておく。どんな場所か、これから何が起きるか。それによって、心の準備をすることができます。

③ 不安になったらどうするか、話しておく。（「つらくなったら、戻《もど》ってきていいからね」など）

④ 事前に見学するなど、慣れる時間を持つ。保育園・幼稚園《ようちえん》なら、入園式の前に、何度か親子で出かけて、慣れておく、などです。

⑤ 子どもの気持ちをじゅうぶん聞いておく。（怖《こわ》い気持ち、不安な気持ち、ワクワクする気持ち、楽しみな気持ちなど、いろいろあると思います）

**ステップ2　当日のサポート**

①親が一緒《いっしょ》についていく。警戒《けいかい》している間はそばにいて、楽しみだしたら少し離《はな》れる。

②本人が助けを求められる場所に待機する。

③進むときは、スモールステップで少しずつ。（他の子と比較《ひかく》せず、本人のチャレンジをほめましょう）

④親が焦《あせ》らないようにしましょう。（不安やおそれがあるのは当たり前。すぐに結果を求めず「大丈夫《だいじょうぶ》、大《だい》丈夫《じょうぶ》」と安心感を与《あた》えながら見守りましょう）

⑤結果だけでなく、本人がチャレンジしたこと、少しでも成長したことをほめ、喜びましょう。

14

# HSCの敏感さに〝慣れ〟はある？

小学3年生の息子は、新学期になると具合が悪くなります。
そのうち慣れるといわれますが、
HSCの敏感さに〝慣れ〟はあるのでしょうか。

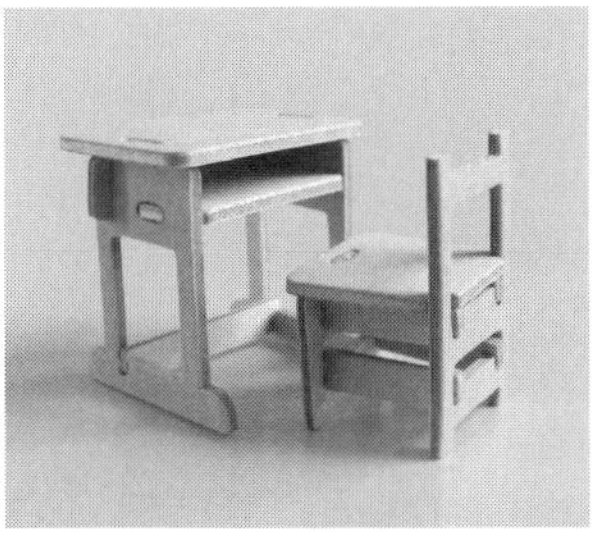

Q

小学3年生の息子《むすこ》がいるのですけれど、おそらくＨＳＣです。学校は楽しく行くのですが、新学期が苦手で、新学期になるとおなかが痛いとか言ったり、ちょっとズルをして学校を休んだりします。

スクールカウンセラーの先生方は、年を重ねるとよくなる、慣れると言われるのですが、ＨＳＣの子でも〝慣れ〟ということがあるのか、それとも、このままずっといくのか、そのあたりをお伺《うかが》いしたいと思います。

A

基本的には、ＨＳＣのそういう敏感《びんかん》な特性は、大人になっても同じです、変わりません。

大人になったＨＳＣをＨＳＰ（Highly Sensitive Person）といいます。敏《びん》感《かん》だという特性は大きくなっても変わりません。

ただ、自己理解が進むというか、自分はこういうことが苦手で、こういうことが得意だとわかってくるので、うまく対処できるようになったり、あるいは、言葉で伝えられるようになったりする、そういう意味では変わっていきます。

「自分のことを理解して、自分のことを伝えられる」、そういう子に育てることが、大切ではないかと思います。

15

# 不登校は充電期間ともいわれますが、見通しのつかないのが不安です

Q

子どもが不登校で学校に行けていません。学習の機会を逸《いっ》するのではないかと親として不安です。充電期間《じゅうでんきかん》という言葉もあるのですが、いつまで様子を見ていればいいのか、見通しがないので不安です。今後、子どもにどう対応していけばよろしいでしょうか。

A

ＨＳＣの子がみんな不登校になるというわけではないですけれども、実際、学校という環境《かんきょう》に合わなくて、苦しんでいる子もたくさんいます。これは、私は基本的には、子どもを変えるというよりは、学校が変わっていかないといけないと思っています。

そんな特別扱《とくべつあつか》いはできませんよ、ということを必ず言われるのですけれども、実は平成28年に、「障害者差別解消法」というのが日本でできたんです。いろんな特性を持った、あるいは障がいを持った人がいるけれども、例えばその人を隔離《かくり》するのではなくて、すべての人がそういう自分の特性を持ったまま、ありのままの姿で生きていける、そういう世の中にするという法律ができたんですね。

これは学校に限りません。社会すべてでです。ですから駅なんかにも、今、車いす用の昇降機《しょうこうき》の工事がどんどん進んでいますし、点字ブロックも作られています。学校でも、そういう配慮《はいりょ》（これを「合理的配慮《ごうりてきはいりょ》」といいます）が必要になってくるわけです。

例えば、ＡＤＨＤ（注意欠陥多動性障《ちゅういけっかんたどうせいしょう》がい）の子がクラスにいる場合は、気が散ってしまうので黒板の横に貼《は》り物《もの》をしてはいけないとか。あるいは、壁《かべ》のない教室というのがちょっと苦手なことがあるんですね。そういう子どもの特性に応じた配慮《はいりょ》が、学校でも必要だということです。

以前は、皆《みな》とちょっと合わない子はすぐに特別支援学級《とくべつしえんがっきゅう》などと、安易に言われていましたけれど、やはりそうではなくて、環境《かんきょう》を子どもに合わせていくんだと。

このように社会全体が変わりつつあります。すでに変わったとは、まだまだいえないですし、これからですけれど、例えばＨＳＣの子がいるときは、先生が教室全体に響《ひび》くような大きなどなり声を出さないとかね。怒《おこ》るときは個別に呼んで注意をするとか、そういうふうな配慮《はいりょ》ですね。

アメリカでＨＳＣの専門家の人と話をしてきたときも言っていたのですけれども、**「ＨＳＣの子にとって必要なことは、実はすべての子にとって必要なことなんだ」ということです。私は全く同感です。**学校の先生のどなり声っていうのは、やっぱりＨＳＣの子でなくても嫌《いや》なんですよ。

そういうことを、ひといちばい敏感《びんかん》に教えてくれているのがＨＳＣの子どもたちです。ですから、**ＨＳＣの子に配慮《はいりょ》することで、すべての子にとって生きやすい世の中ができるんじゃないかと、基本的にはそういうふうに思っています。**

ただ、実際、すぐに学校が変わるわけではないので、じゃあ子どもにどう関わっていけばいいのかということですが、やはり私は、**「子どものペースを尊重する」ということで、決して間違《まちが》っていないと思います。**

子ども自身も学校へ行ったほうがいいということはわかっていますし、しっかり休めば必ず元気になっていきますし、そうしたら、いろいろな形で勉強したいという気持ちが必ず出てきます。そういうときに、学校へ戻《もど》るのか、相談室へ行くのか、あるいは学校へは行けないから、適応指導教室、居場所、フリースクール、そういうものに行くのか。集団場面は苦手だから、とりあえず家庭教師に教えに来てもらうのか。あるいは、最近はインターネット、

YouTubeなどで、いろんな授業が非常にわかりやすく動画で見られるようになっています。

私は、子どもと相談しながら、子どもが学校へ戻《もど》りたいと言えば、その方向で先生と話をしていったらいいし、行けないというのであれば、別の学びの方法はいくらでもあると思います。そうやって子どもが元気を回復する中で、ちゃんと自立していく人はたくさんいます。

ですから私は、不登校は本当に心配ないと思っています。

逆に行きたくないのに、例えばいじめのある学校へ行き続けることによって、自殺していく子どももいるわけです。学校は確かに大事なところではあるけれども、そんな命をかけてまで行かなければならないところでは決してない。むしろ、心の健康、「人生は生きていれば楽しいことがあるんだ」という心を育てていくことが、何よりも大事じゃないかなと思っています。

# 16

# 子どもが「死にたい」と言いだしたら、どうすればいいでしょうか

Q

子どもが「死にたい」「消えたい」というネガティブな発言をしたときは、どう対応すればいいでしょうか。

A

これはHSCの子どもだけではなくて、今、チャイルドラインという子どもの相談電話でも、「死にたい」とか、「どうしたら死ねますか？」「今日リストカットしました」というような相談が、たくさんあると聞いています。

それは本当に、日本の子どもたちの自己肯定感《じここうていかん》がいかに育てられていないか、追《お》い詰《つ》められているか、ということの証明だと思うのですけれど、そういう悩《なや》みを子どもから言われることがあります。

これらは子どもからの魂《たましい》の叫《さけ》びなんですよね。私はまず、そういうことを親御《おやご》さんなり、先生なりに話してくれたこと、そういう関係自体が、いいことだと思うんですよね。もちろん、死にたいと言うことは、本当に心配なことではあるのですけれど、それを誰《だれ》にも言えないよりも、言えた相手がいる、言える大人がいる、ということは、信頼《しんらい》しているからこそであって、そういう関係は決して悪いものじゃないと思います。

ただ、親としてそんなことを言われたときに、まあこれはひどい場合、虐待《ぎゃくたい》レベルですが、「じゃあ、死ねば」みたいなことを言ってしまうとか、そういうことは絶対によくないわけです。

じゃあ、どう言うかというと、まず「死にたい」ということは、「死にたいくらい苦しい」ということなんだから、そういう苦しさを、わかったよと伝える。具体的に言うと、**「死にたいくらいつらいんだね」とか、「苦しいんだね」と返す。私はこれがいちばんいいんじゃないかと思います。**

子どもは答えを求めているんじゃないんですよ。死にたいけれどそんな簡単に死ねないということは、子どももわかっている。だったら、何で言うかっていうと、苦しい気持ちをわかってほしいという気持ちで言っている。ですからこちらはそういう気持ちを「わかったよ」と伝えればいい。

それが、「死にたいくらいつらいんだよね」ということなんですね。そういうふうにして、しばらく黙《だま》っていると、「実はこんなことがあって」ということを少しずつ話しだす、そういうことを、「そうか、そうか」と聞いていく。

まずは、つらさを理解して、子どもの気持ちを聞くということが大事。ひととおり聞いたうえで、「じゃあ、こうしたらいいんじゃないかな」と提案してもいいと思いますけれども、まずは子どものつらさを受け止める、ということが大事じゃないかなと思います。

17

# ＨＳＣと
# 発達障がいとは
# 違うものなのでしょうか

Q

HSCと発達障がいとは、違《ちが》うものなのでしょうか。

A

私は基本的に、発達障がいとHSCは違《ちが》うものだと思っています。ただ、合併《がっぺい》ということはありうると思います。特にADHDとHSCの合併《がっぺい》ということは、ありうると思っています。

ただ、アスペルガーとHSCの合併《がっぺい》というのは、かなりまれじゃないかなと思っています。これはアメリカの専門家の人もそういうふうに言っていました。というのは、アスペルガーというのは、コミュニケーションの障がい、人の気持ちを酌《く》むのがなかなか難しいというのが本質なわけで、しかしHSCの人は、むしろ共感性が非常に強い、だから2つは明らかに違《ちが》うものだと。

発達障がいの専門家の中には、「アスペルガーの中にも、人の気持ちをすごく酌《く》む人があるよ」と言う人もいるのですけれど、それは私はアスペルガーではなくて、HSCなんじゃないかなと思っています。

最近の研究でも、自閉症《じへいしょう》とHSCでは、脳のミラーニューロン（共感性をつかさどる部分）の反応が違《ちが》うといわれています。

ただ、これはまだ研究が始まったばかりです。

ですから、発達障がいのこともよく知り、HSCのこともよく知る、そういう研究がいろいろなされていくことによって、その違《ちが》いがだんだん明らかになってくるのではないかと思っています。

ニューロダイバーシティについて

# 18

# 傷つきやすいＨＳＣを、傷つかないように注意するには？

Q

ＨＳＣの子どもは、注意すると傷つくので、できるだけ傷つかないようにと思うのですが、どうしても注意しないといけないときは、どう言えばいいでしょうか？

A

「～してはダメ」ではなく、「～しようね」という言い方がいいと思います。単に「ダメ」と言われても、子どもはどうしたらいいかわかりません。否定だけされた気持ちになり、自己肯定感《じここうていかん》が低くなってしまいます。

例えば、「廊下《ろうか》を走ってはダメ」ではなく、「廊下《ろうか》は歩こうね」という言い方です。やってほしいことを、言葉にしていく、ということです。

19

# 不調を訴える子の見守り方

息子はよく、頭痛や腹痛を起こして学校を休みます。
優しく受け入れたいのに、
ついイラッとしてしまう私に、
よいアドバイスがあればお願いします。

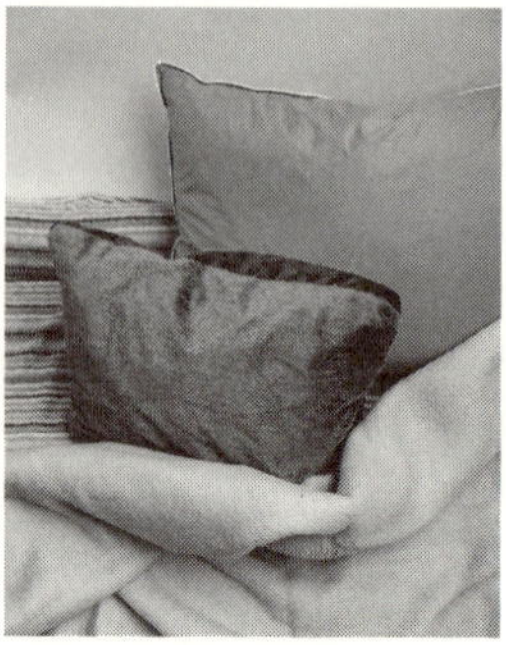

Q

中3の息子《むすこ》ですが、小6のときから頭痛や腹痛が始まり、中1のときには、学校を1カ月も休んでしまいました。いじめなどはなく、ただ授業に耐《た》えられないようでした。

中2になると、週1回の頭痛が治らず、学校は休んだり、遅刻《ちこく》したりしていました。中3になって塾《じゅく》に通い始めると、塾《じゅく》のある日の夕方から頭痛になっています。このまま治らなかったら、高校も心配です。

優《やさ》しく受け入れてあげたいのですが、どうしてもイラッとしてしまい、息子《むすこ》に冷たい態度をとってしまいます。何かよいアドバイスをお願いします。

## A

小6から、頭痛や腹痛が始まって、これまで4年間、よく耐《た》えて学校に通い続けてこられたと思います。

そういうお子さんは、たいてい、まず小児科《しょうにか》にかかって、いろいろと検査をされるのですが、特に異常がなく、痛み止めの薬や、起立性低血圧の薬などをもらいます。ところが、それでは、なかなか改善しないということで、私のところに紹介《しょうかい》されて来ます。

まず私は、子どもに、学校が休みの土日や、あるいは、夏休みなどの長期休みに、少しは改善するかを聞いてみます。

学校が休みかどうかにかかわらず、ずっと続いている場合は、身体的な原因（いわゆる頭痛持ち）か、家庭内のストレスが関係していることがあります。

身体的な原因の場合は、薬が効くことが少なくないので、いろいろと薬を試してみます。

家庭内のストレスの場合は、本人や家族によくよく状況《じょうきょう》を聞いて、何かストレスになっていることがないか、確認してみます。

次に、学校が休みの日には改善する、という場合は、学校がストレスになっている可能性があります。いじめや先生との相性《あいしょう》、部活のプレッシャーがないかどうかを聞いていきます。

そういうことがいずれもなくて、それでも学校に行こうとすると、頭痛、腹痛になるという場合は、ほとんどが、ひといちばい敏感《びんかん》な子（ＨＳＣ）です。

学校や塾《じゅく》というたくさん人がいる場所、「しっかり勉強しなきゃ」というプレッシャーがかかり、人と比較《ひかく》される場所は、ＨＳＣの子は特に苦手です。

そういうことを苦手だとか、嫌《いや》だとか、言える子はまだいいのですが、プレッシャーや負担を感じながら、それも言えないでがまんしている子は、体に症状《しょうじょう》が出てきます。それが頭痛や腹痛になるのです。

このような心理的なストレスによって生じている体の症状《しょうじょう》は、頭痛にせよ腹痛にせよ、環境《かんきょう》が改善すれば、必ずよくなります。

「いや、世の中ストレスのないところなんてない、そんなこと言ってちゃ、社会に出ていけないぞ」と言われますが、私はそうは思いません。

学校ほど均一で、同じようにすることを求められるところはないと思っています。

社会は、もっと多様だし、いろいろな仕事があります。

症状《しょうじょう》がありながらも、がんばって学校や塾《じゅく》に行っているお子さんは、本当にがんばり屋さんだし、休むときは、本当につらいから休んでいるのです。決して怠《なま》けとか甘《あま》えではありません。

子どものがんばりを認め、必要なときは、適宜《てきぎ》休みをとりながら、どうしても症状《しょうじょう》がひどいときは、思い切って環境《かんきょう》を変えるのもアリです。見守る側もつらいですが、親の育て方でなっているわけではないと思います。

子どもを信じて、見守っていただきたいと思います。

20

# HSCへの特別扱いに不満が出たら

学校が苦手で、クラスでも独りぼっちの娘。保健室登校や、時間差登校で対応していますが、弟たちからも「お姉ちゃんずるい！」などと言われて困っています。

Q

元々学校が苦手で、友達《ともだち》もいない娘《むすめ》です。1学期の半ばに転校し、夏休みまでは何とか学校に行っていました。ところが、2学期からは行きたがらなくなりました。

クラスメイトが独りぼっちの娘《むすめ》にふざけ半分で近づいてくるのが嫌《いや》で、ほうっておいてほしいのだそうです。

このままでは不登校になってしまうと思い、少し遅《おそ》めに登校し、皆《みな》には会わないよう教室には入らず、保健室で毎日自習するというやり方を試そうと思っているのですが、担任の先生は「お友達《ともだち》とワイワイやろうよ！　一人じゃつまらないでしょ！」という考えなので、教室に戻《もど》ることを前提にお話しされます。

また、弟たちからは、「お姉ちゃんは疲《つか》れたらすぐ学校休んでずるい!!」と言われてしまいます。主人にもわかってもらえないので、私しか娘《むすめ》の味方はいません。

周りからは、甘《あま》やかしているように言われてしまいます。それに友《とも》達《だち》を避《さ》けてばかりだと、将来人間関係を築けるのか、とても不安になります。

息子《むすこ》たちの気持ちもわかります。息子《むすこ》や主人に理解してもらうにはどうしたらいいのでしょうか？

# A

**まず、お母さんが、子どもの特性を知り、HSC（ひといちばい敏感《びんかん》な子）だと気づかれたことが、何よりお子さんにとって幸せなことだったと思います。**

そのうえで、お母さんからすると、なかなか周囲の人に理解してもらえない、という悩《なや》みですよね。これは、HSCについて、まだまだ知られていないこの日本では、本当によくある悩《なや》みです。

周囲の人に理解してもらうためには、まず知ってもらうことが大切です。『ひといちばい敏感《びんかん》な子』や『HSCの子育てハッピーアドバイス』を参考にして、ぜひ、父親や学校の先生にHSCについて伝えていただきたいと思います。

ちゃんと知識を伝えると、理解してくれて、対応を変えてくれる人もいます。それならとてもラッキーです。

しかしそのように聞いても、なかなか理解しようとしない人、こういう考え方を否定する人もいます。

繰《く》り返《かえ》し伝えたり、あるいは、子どものつらそうな様子を何度も見聞きしたりすることで、少しずつ理解するようになる人もあります。

しかしそれでも、どうしても理解しない人もあります。

そういうときには、お母さん自身が、そういう人と境界線を引く、ということが大切です。

**たとえ相手がどう言おうと、HSCの子に無理強《むりじ》いしない、その子のペースを尊重する、というお母さんの方針は絶対に間違《まちが》っていないし、正しいことです。**

皆《みな》と一緒《いっしょ》に学校に行けないのは心配だ、という周囲の心配はわかりますが、お母さんだって最初はそのように思って接してこられた、でもどうしてもそれが難しくなってきたから、どうしたらよいか、悩《なや》んだ末、今の対応に行き着いたのです。

決して甘《あま》やかしているとは思いません。

確かに弟たちは、なかなか理解できないと思います。こういうとき、きょうだいにかける言葉の定番がありますから、覚えておいてください。

つい言ってしまうのが、

「あんたは元気だから、学校行くの！　お姉ちゃんは事情があるんだから」

です。しかしそれは、あまりよい言い方ではありません。

そうではなく、

「あんたも、学校行きたくないって思うときがあるんだね。いろいろたいへんだよね。そんな中、よくがんばって学校行っているよね」

と言ってほしいのです。

きょうだいだって、学校に行って当たり前ではない、つらいこともある、それを毎日行っているんです。それなのに、あんたたちは行って当たり前、お姉ちゃんはつらいんだから、と言うと、誰《だれ》だって不満がつのります。

そうではなく、「そうだね、あんたもつらいことあるよね。そんな中で、よくがんばって学校行っているよね」と言うと、子どもも、少し自分のつらさをわかってもらって、すっきりするのです。


ＨＳＣは、５人に１人といわれています。確かに、同調圧力の強い日本の学校では苦労することも多いです。しかし社会に出れば、いろんな人がいますし、いろんな仕事があります。決して人間関係を築けないとは思いません。

この日本でも、もっともっとＨＳＣのことが知られて、適切な対応がなされるようになることを願ってやみません。

21

# 親の私がキレてしまうとき

息子が暴れたり、暴言を吐いたりしたとき、
つい私のほうがキレてしまいます。
受け止めようとは思っても、
一筋縄ではいかないときの心がけを教えてください。

Q

ＨＳＣの４歳の息子《むすこ》がいます。暴れたり、暴言を吐《は》いたりしたとき、受け止めようとは思っているのですが、つい私のほうがキレてしまいます。

一筋縄《ひとすじなわ》ではいかないところがあって、こちらもいっぱいいっぱいになってしまうんですが、そんなときはどう心がけたらいいでしょうか。

A

子どもがキレたり暴れたりするのは、まだ気持ちをうまく言葉にできず、行動で表すことしかできない、ということです。

これはＨＳＣに限ったことではないんですが、特に感情反応が強く、さまざまな刺激《しげき》に圧倒《あっとう》されやすいＨＳＣへの対応は、なかなかたいへんです。「一筋縄《ひとすじなわ》ではいかない」というお母さんの気持ち、本当によくわかります。

いずれにしても、気持ちを言葉にできるようになると、こういうことは徐《じょ》々《じょ》に減ってきます。

そうはいっても、「気持ちをちゃんと言葉で言いなさい」と言っても、子どもはなかなか言葉にできません。なぜなら、まだじゅうぶん自分の気持ちに気づいていないからです。

ですから、こういうときに大切なのは、まずは大人が、子どもの気持ちを言葉にしてかけていく。「嫌《いや》だったんだね」「こうしてほしかったんだね」と、子どもの気持ちを酌《く》んで、それを言葉にして返す、ということです。

子どもがキレだすと、お母さんも、どうしてもキレてしまうということですが、それはどこかで、「子どもが言うことを聞かないのは、自分のせいだ」「こんな子になったのは、私の育て方のせいだ」と思っているからかもしれません。

母親というのは、実は、どうしてもそのように思いがちなんです。

ところが、子どものもう一方の親である、父親はどう思っているのかというと、案外、そんなふうには思っていません。「この子はこういう性格の子なんだ」というような、客観的な見方をしています。

それで、「父親は当事者意識が薄《うす》い」といって怒《おこ》られるのですが（笑）、しかし、父親のそういう見方にも、当たっている部分もあるわけです。

ですからお母さんも、何もかも自分のせいだと思わず、そういう見方をしてもいいのではないかなと思います。

反対に、父親にはもう少し、「自分のせいだ」くらいに責任を感じてもらってもいいかもしれませんね（笑）

あとは、「子どもの成長を待つ」ということだと思います。

今はまだ、気持ちをうまく言葉にできなくて、暴れるしか表現のしかたがわからなくても、成長とともに、ちゃんと言葉にできるようになってきますし、徐々《じょじょ》に落ち着いてくると思います。少なくとも、ずっと今のままでは決してありません。

こんなときに、肩《かた》の力が抜《ぬ》ける、とっておきの言葉があります。それは、**「子育ての悩《なや》みの9割は、年齢《ねんれい》とともに解決する」**ということです。

今、子どもが言うことを聞かないのは、子どもが特別わがままなのでもなく、また親の育て方が悪いのでもなく、まだそういう年齢《ねんれい》になっていない、ということです。もう少し年齢《ねんれい》が行けば、ほとんどの場合、問題は解決していくのです。

「今はまだしかたがない」とあきらめて、少し子どもの成長を待つ、ということも、大切な心構えかもしれません。

22

# ＨＳＣについて、相談できるところはありますか

Q

HSCの認知度がまだまだ低く、相談できるところがありません。相談できるような医療機関《いりょうきかん》はあるのでしょうか。

A

どこか身近なところに相談したい、診断《しんだん》してもらいたい、というお気持ち、よくわかります。

私の病院にも時々、電話がかかってきて、「HSCの治療《ちりょう》をしてもらえないでしょうか?」と言われることがあります。

しかし前提としてぜひ知っていただきたいのは、HSCというのは、病気でもなければ、障がいでもない、一つの性格だということです。

ですから、本来、医療機関《いりょうきかん》で治すものでもなければ、診断《しんだん》するものでもないんです。

HSCについては、まだまだ日本では知られていない状況《じょうきょう》で、私は、精神科医や小児科医には、ぜひ知ってもらいたいと思っていますが、しかしその一方で、本来、医師は病気を治療《ちりょう》する人なので、病気でないHSCには、あまり関心が向かないことも、またやむをえないことではないか、という思いもあります。

ですから私は、このHSCとかHSPという概念《がいねん》については、むしろ当事者というか、困っている方自身や、親御《おやご》さんたちが、口コミで広げていってもらいたいなと思っています。

「子どもがHSCだと知って安心した」とか、「適切な対応ができるようになった」ということを、SNSでもいいし、ブログでもTwitterでもいいから、どんどん広げてもらいたいと思っています。

実際、マスコミ関係でアンテナの高い人たちは、いち早くこの特性を知ることの重要性に気づいて、次々と取材に来ています。

そうして世間の多くの人が知るようになれば、医師も無視はできなくなり、そういう考え方を、診療《しんりょう》の中にも取り入れるようになると思います。


そういうふうにして広がった概念《がいねん》は、実はこれが初めてではありません。

皆《みな》さんは、「アダルトチルドレン」という言葉を聞いたことがあると思います。アルコール依存症《いぞんしょう》の親の元に生まれた子どものことで、幼少期から、大人の役割を果たさざるをえなかったので、このようにいわれています。

最初は、アルコール依存症《いぞんしょう》の家族に生まれた子どものことをいっていましたが、次第に、機能不全家族に生まれた子どものことを、広く「アダルトチルドレン」というようになりました。

親の自己肯定感も大事
3．自分を自分で
ほめる練習。
（リフレーミング）

この名前は、診断名《しんだんめい》ではありません。自身が、アルコール依存症《いぞんしょう》の親を持った、ウォイティッツという人が、この概念《がいねん》を提唱して、それが生きづらさを抱《かか》えた人の間で爆発的《ばくはつてき》に広まり、多くの人に知られるようになったのです。

そして、多くの人が、自分の生きづらさの理由を知ることができたのです。ちょうどそのように、ＨＳＣについても、もっともっと多くの人が知って、ふつうに親子の会話や、相談の現場で、話題にできるようになればいいなと思っています。

23

# 怖い先生への対処法

学校に怖い先生がいて、娘は友達が怒られているだけで、
自分が怒られるように思って、
学校に行きたがらなくなります。

Q

小学3年生の娘《むすめ》は、ＨＳＣだと思います。

学校にすぐにどなる怖《こわ》い先生がいて、友達《ともだち》が怒《おこ》られていると、自分が怒《おこ》られるように思ってしまうようで、「学校に行きたくない」と言います。どうしたらいいでしょうか。

A

どなる先生が嫌《いや》なのは、ＨＳＣに限ったことではありません。みんなつらい思いをしていると思います。

まずは学校に、娘《むすめ》さんがＨＳＣだということは言わず、児童の前でどなったり、怒《おこ》ったりしないように、話してみるのがいいと思います。

そういう先生の場合、これまでも「どなる」「怖《こわ》い」ということが原因で、不登校になっている子もいると思います。

その先生に直接は話しにくいですので、保健の先生やスクールカウンセラー、校長や教頭、学年主任の先生などに相談して、対応してもらうのがいいでしょう。

それでもわかってもらえないなら、『ＨＳＣの子育てハッピーアドバイス』の先生向けのところ（１９５ページに転載《てんさい》）をコピーして渡《わた》してもらえたらいいのではと思います。

●豊かで複雑な内面世界を持っている
空想大好き

24

# 熱を出しやすい子どもには

5歳の息子が、1カ月に1回は熱を出します。
敏感さなのか、何か気をつけることはありますか。

Q

5歳の息子《むすこ》ですが、敏感《びんかん》でよく眠《ねむ》れず、1カ月に1回は熱を出してしまいます。
何か、気をつけるべきことは、あるでしょうか。

A

熱を出しやすいというのは、体の問題もあると思いますが、敏感《びんかん》でよく眠《ねむ》れない、疲《つか》れやすいことが関係していることもあると思います。
敏感《びんかん》な子どもは、細かいことに気づくし、刺激《しげき》が許容量をオーバーしやすいので、それだけで疲《つか》れてしまいます。

心が疲《つか》れると、それが「発熱」という形で出てくることもあるのです。

このような敏感《びんかん》な子に必要なことは、端的《たんてき》にいうと、2つのことです。それは、「境界線を引くこと」（バウンダリー）と、「休憩《きゅうけい》」（ダウンタイム）です。

境界線を引く、というのは、簡単にいうと、「人は人、うちはうち」ということです。

人がそうしているからといって、自分もそうしなければならない理由はありません。子どもは一人一人違《ちが》うし、他の子に当てはまることでも、自分の子には当てはまらないことも、たくさんあります。特に、HSCの子は、非HSCの子とは、いろんな意味で違《ちが》います。

「自分の子だけ、どうしてこんなに体が弱いんだろう」と、自分の子どもが悪いように、つい思ってしまいますが、それだけいろんなことを感じているから、疲《つか》れやすい、体に出やすい、ということもあるのです。

また、お母さん自身も、例えば人から「他の子はこんなんじゃないよ」と言われても、うちの子は敏感《びんかん》なところがあるから、こういうことはあることなんだ、決してうちの子の欠点ではないんだ、と考えていくことも大切です。親御《おやご》さん自身も、周りとの境界線を引いていく、ということです。

もう一つは、「休憩《きゅうけい》を取る」ということです。

敏感《びんかん》な子は、いろんなことが気になって、いろんなことを考えてしまうので、それだけで疲《つか》れてしまいます。疲《つか》れを取るためには、休憩《きゅうけい》が必要なんです。

「ちょっと疲《つか》れているな」と思ったら、独りになる時間を作るなどして、休《きゅう》憩《けい》する時間を取ってほしいなと思います。

25

# 発達障がいを間違う心配は？

発達障がいなのに、

ＨＳＣと誤解してしまうことはないでしょうか。

それで必要な支援が後れてしまわないかが心配です。

Q

不登校の子の保護者の中には、お子さんの発達障がいを疑う方も多いですが、なかなか事実を容認できずに悩《なや》んでいる方もいらっしゃいます。

発達障がいであれば、療育《りょういく》やＳＳＴ（ソーシャルスキル・トレーニング）などを学んでいくということがありますが、ＨＳＣは個性なので、病気や障がいではないということになると思います。

「発達障がい」や「ＨＳＣ」の知識を、まだあまり持たない親御《おやご》さんが、ＨＳＣのことを知り、両者の症状《しょうじょう》が似ているため、「うちの子は発達障がいではなくＨＳＣなんだ」と安易に思《おも》い込《こ》み、仮にお子さんが発達障がいであったときの療育《りょういく》や支援《しえん》が後《おく》れる心配はないかが気になりました。

発達障がいなのに、HSCと誤解したらどうなのか、ということだと思いますが、私は、それはそれほど問題がないと思っています。

なぜなら、HSCにとって必要な支援《しえん》と、発達障がいに必要な支援《しえん》は、それほど違《ちが》いはないと思っているからです。

いちばん大事なことは、自己肯定感《じこここうていかん》を育《はぐ》むこと、そのために必要なのは、気持ちに共感するとか、本人のペースを尊重するとか、子どもを信じる、気持ちを言葉で表現できるようにしていく、スモールステップを設定して、できたらほめる関わりをしていく、これらは皆《みな》、HSCにとっても、発達障がいの子にとっても、必要なことなので、それほど変わりはないと思っています。

もちろん、重度の自閉症《じへいしょう》の場合は、専門の療育《りょういく》、というものがありますが、そこまでの場合はおそらく誤解されることはないと思います。

私の経験では、むしろ、医師から「発達障がいのグレー」と言われていたのが、実はＨＳＣだった、というほうが圧倒的《あっとうてき》に多いです。

26

# 不登校が長期戦になったら

不登校の子のいる家庭で、日々奮闘中です。
ただ長期戦になってきたとき、
どこに希望を持てばいいのか、
最近、息切れ気味で焦っています。

Q

去年の夏から高校生の娘《むすめ》が、冬から小学生の息子《むすこ》が不登校になりました。

娘《むすめ》は人前で過度に緊張《きんちょう》してしまうようで、私の送《おく》り迎《むか》えで、やっと五月雨登校《さみだれとうこう》をしています。

息子《むすこ》は学校のことを考えると腹痛になるらしく、ずっと欠席しています。

私はフルタイムの仕事を持っていて、いつも側《そば》にいてやれないのですが、帰宅してからと休日は、できるかぎり子どもたちのしたいことを一緒《いっしょ》にしようと思って、日々奮闘中《ふんとうちゅう》です。

しかし長期戦になってきて、最近、息切れ気味で焦《あせ》っています。母親として、これから子どもたちにどう接したらよいか、どこに希望を持てばいいのか、ぜひアドバイスをお願いします。

A

不登校の悩《なや》みということなんですけれども、これはもう、まさに私の仕事というか、病院でもたくさん、そういう方とお会いしています。

また、私が理事長を務める「NPO法人子どもの権利支援《しえん》センターぱれっと」では、子どもの居場所「ほっとスマイル」を開設しています。これは、不登校の子どものサポートのために、私の住んでいる射水市《いみずし》の駅前に開設したものなんですね。

ですから、そういったところで本当にたくさんの不登校の子どもたちに会ってきましたけれども、その結論からいいますと、本当に、不登校は心配ありません。

確かに、親もつらい時期だと思います。だけど、1カ月、2カ月という単位では、そんなすぐに変化は見えないですけれども、**年単位で見ていくと、ほとんどの子どもが元気になっていくし、回復していくんですよね。**

これは、はっきり文部科学省の委託調査《いたくちょうさ》で「不登校の予後調査」というのがありまして、その子がその後、どうなっていくか、中学3年生の子どもの5年後を追いかけた、そういう調査があります。

だいたい5年後に、「仕事をしている」あるいは「学校に行っている」子どもの割合って、何パーセントくらいだと思いますか？

……半分くらい？　あるいは、2割とか1割とか、そのくらいしかいないんじゃないか、ほとんどが引きこもりになっているんじゃないか、と思う人が多いですが、実は「学校に行っている」か、「仕事をしている」子どもの割合は、80パーセントなんですね。

これは、8年間の間隔《かんかく》をあけて2回、こういう調査が行われているんですけれども、1回目は77パーセント、2回目は82パーセントでほぼ同じ数字。

要するに、中学3年生の時点で完全不登校であっても、5年後には、ほとんどの子どもが学校に行っていたり、仕事をしたりしているということなんですよね。

もちろん、2割の子どもたち、苦しんでいる子どももいないわけではないし、たまたま5年後にそういう状態であった、という子もいると思いますけれども、少なくとも不登校になった子どもが、みんながみんな、そのままずっと引きこもりになるということでは、決してないということなんですよね。

よく学校の先生なんかが、「学校さえも行けんもんが、将来社会に出られるはずがない！」などと言いますけれども、それは何の根拠《こんきょ》があってそんなことを言うのか。実際は決してそんなことないし、むしろ学校に行けなくても、元気になって社会で活躍《かつやく》している人が、たくさんいるということなんですよね。

それは実際、私が関わった子どもたちを見ていてもやっぱりそうで、本当にみんな元気になっていっているわけですよ。ですからそんなにね、焦《あせ》らなくてもいい、心配ないということを、まずはお伝えしたいと思いますね。

それで、まずは親御《おやご》さんの対応について聞かれているので、そのことを話しますと、不登校の対応では、大きく分けて３つの時期に分かれるといわれます。

最初は休養期、休む時期。次が充電期《じゅうでんき》、充電《じゅうでん》する時期。３番めが援助期《えんじょき》といいます。

初めの休養期というのは、学校を休み始めた時期で、心身ともに疲《つか》れ果《は》てているので、ご飯も食べたくない。食欲もないし暗い顔をしているし、一日中寝《ね》て……みたいな、そういうときは、とにかくたっぷり休ませることが必要です。

休ませると、だんだん元気になってきて、家の中ではふつうだったり、いつもと同じようにテレビを見ていたり、食欲も戻《もど》ってきて、「家の中では元気」というふうになってくるわけです。そうなると、もうこのまま学校に行けるんじゃないかと思うんですよね。

だけどそうではなくて、ここから充電期《じゅうでんき》が始まるんです。要するに、充電《じゅうでん》が必要なんです。

例えばスマホなんかは、充電《じゅうでん》10パーセントでも、一応使えますよね。でも使ってたら、すぐに電池が切れちゃいますよね。だからやっぱりフル充電《じゅうでん》まではちゃんと充電《じゅうでん》しないといけないわけです。

それと同じように子どもも、家で元気になったといっても、それは10パーセントくらいで、学校に行こう、外へ行こうとすると、すぐに電池が切れちゃうんです。だからまだ焦《あせ》らずに、しっかり家で充電《じゅうでん》する必要があるんですよね。

そういうふうに充電《じゅうでん》が完了《かんりょう》すると、やっぱり子どもは家の中では退屈《たいくつ》してきて、外へ行きたい、というふうに言いだすわけです。

そこで援助期《えんじょき》という、学校復帰や自立に向けて、どういう援助《えんじょ》をしていくか、という段階に入るわけです。

その変わり目の目安は、子どもの口から学校の話題が出てきたり、友達《ともだち》の話題が出てきたりしたときですね。調子の悪いときは、一切、そういう話題は出ないですけれども、それが出てきたときは、こちらからも話題を出していいと思います。

ただ、いきなり学校へ行ける子もいますが、放課後だけ先生の顔を見に行くとか、まずは保健室登校とか。あるいは、学校そのものに、もう本当にアレルギーになっちゃっているなら、フリースクールや、適応指導教室、居場所、あるいは、そういう集団の場面が苦手ならば、とりあえず家庭教師など、家族以外の人と会える場を作るとかね。

とにかく大人の役割は情報集め、どんな行き先があるかという情報を集めて、決めるのは子どもなので。そういう形で進めていくと、少しずつ「じゃあ、そこへ行ってみようかな」ということになってくるわけです。

そういうことで少しずつ変わりだして、高校生くらいになるとね、いろんな選択肢《せんたくし》があるわけです。定時制や通信、サポート校とか。高校では「高認」といって、高校卒業程度認定試験というのもありますし。

ですからそのくらいになったときに、いろんな、本人に合った選択肢《せんたくし》を選べば少しずつ回復しだすという、だいたいそういうパターンですね。

**ここで大事なことは、マクロの見方じゃなくて、ミクロの見方をするということです。**

要するに、マクロというのは大きな見方で、それでいくと、学校に行くか行かないか、あるいは、勉強するかしないか、そういう目で見るから、親御《おやご》さんは、「もう1カ月たっても2カ月たっても、うちの子は全然変わりません」というふうに言うわけです。

だけど、そういうときに、私が聞くんですね。「じゃあ1カ月前と全然変わらないですか？」「例えばリビングに出てくる頻度《ひんど》はどうですか」とか、「食欲はどうですか」と。そういうことを聞くと、「それは最初に比べたら、ご飯も食べるようになりました」とか、「ちょっと笑顔《えがお》が出るようになりました」「テレビを見るようになりました」、そういうふうに言われるわけです。「じゃあ全然変わってないわけではない、ちゃんと変わってるじゃないですか」と言うと、「ああ、そう言われればそうですね」となるんですね。だからそういう大きな見方じゃなくて、ご飯を皆《みな》と一緒《いっしょ》に食べるとか、リビングにいるとか、あるいは笑顔《えがお》が出てくるとか、会話が増えるとか、そういうミクロの面で見ると、確実に一歩一歩、回復していっているわけです。変なプレッシャーさえかけなければね。

そうして、ちょっとずつでも右肩上《みぎかたあ》がりなら、その延長線上に回復ということがあるわけです。焦《あせ》る必要はないということなんですよね。

ただ、こういうのを親一人で抱《かか》えるのはたいへんなことなので、やはり親も支えが必要です。

ですから、不登校を理解してくれるカウンセラーでもいいし、あるいは相談機関の人でもいいし、私がお勧《すす》めなのは「親の会」ですね。不登校の親御《おやご》さんが各地で「親の会」というのを作っています。全国にありますし、インターネットで調べれば見つかると思います。

そういうところは、本当に皆《みな》、同じ経験をしていますから、心から共感してくれるし、「わかるよ」と言って、同じように涙《なみだ》を流して話を聞いてくれるし、そういう先輩《せんぱい》お母さん、お父さんの話を聞くと、ちょっとずつ回復していく、というのがわかるわけです。

「ああ、そんなふうにちょっとずつ元気になっていくんだな」ということがわかるんですよね。

だけど下手《へた》な相談機関に行くと、「せめて朝だけでも起こしてください」などと、変な間違《まちが》ったアドバイスをされることもあります。**あえて言いますが、昼夜逆転は心配ありません。本当に。元気になってきたら、ちゃんとリズムは戻《もど》ってくるのです。**

だからそういうところに比べれば、「親の会」は本当に、親自身がほっとできる場所であることが多いですね。

気づいておられると思いますけれども、学校という場所が、やっぱり合わない子もいるわけです。だからいろんな学びの形があっていい。フリースクールとか、ホームスクール、自宅で学習するとかね。

欧米《おうべい》なんかは、いろんな学びの形がすでにできていて、本当に先進国では日本ぐらいですよ、いわゆるこういう文科省傘下《さんか》の均一な教育システムしかないというのは。

ですから、平成28年に教育機会確保法という新しい法律ができて、いろんな多様な学びがあるんだから、それを学校も認めていきましょう、と、不登校の対応が180度くらい変わる法律ができました。すぐに学校復帰を目的とするのではなくて、休養が必要な子どももいるんだから、休養を保障しましょう、すぐに学校復帰するというよりも、将来的な子どもの自立ということを視野に入れてサポートしていきましょう、というふうに変わったんですよね。文科省の方針もね。

だからそういう、いろんな情報を入れながら、親も自分を責めないでほしい。親が仕事に出るのも私はいいことだと思います。ずっと子どもと向き合っていたら、親も疲《つか》れてしまいますし、子どもも居心地《いごこち》が悪くなります。

ただ、子どもが求めたときにはつきあう、というふうにしてもらって。親も子どもも焦《あせ》らずに、自分を大事にして、ゆっくりゆっくり回復してもらったらいいんじゃないかなと思います。

# おわりに

## ニューロダイバーシティ（神経多様性）という考え方

## いろんなタイプや感じ方、感覚を持っている人がいてこそ、意味がある

ニューロダイバーシティという言葉が、最近使われるようになってきました。「神経多様性」という意味です。

「生物多様性」という言葉がありますよね。いろんな生き物がいることが、種の存続にとってすごく大事なこと。動物でも、いろんな種類がいることで、

お互《たが》いにバランスを取っているんですね。
もし、一つの種が絶滅《ぜつめつ》するようなことがあると、それによってバランスが変わり、他の生き物に影響《えいきょう》を与《あた》えてしまう。絶滅危惧種《ぜつめつきぐしゅ》を保護しようというのは、結局、その生物多様性を保つことが、この地球という全体を見ればすごく大事なことだということなんですね。

それと同じように、神経の発達にも多様性があるんですね。いろんなタイプ、感じ方、感覚を持っている人がいることに意味があるんだということです。

神経の発達でいえば、例えば自閉《じへい》スペクトラム症《しょう》とか、ＡＤＨＤ、多動症《たどうしょう》ですね。あるいはＨＳＣ、定型発達、さまざまな違《ちが》いがありますけれど、それぞれに役割があって、そこに病気であるとかないとか、障がいがあるとかないとか、区別はない、単なる違《ちが》い、多様性であるということなんですね。

例えば、ＡＤＨＤは「落ち着きがない」と、学校なんかでは先生から注意されますけれども、その好奇心旺盛《こうきしんおうせい》なことによって、非常に人類に貢献《こうけん》することになる。

有名なのは、発明家のエジソン。エジソンはＡＤＨＤだといわれていますね。

あるいは自閉《じへい》スペクトラム症《しょう》、なかなか空気を読むのが苦手なんですけれども、記憶力《きおくりょく》はいいし、特定のことについては、ものすごい才能を発揮する。だからいわゆる天才といわれる人は、自閉《じへい》スペクトラム症《しょう》、あるいはアスペルガーの人が多いといわれます。例えばアインシュタインとか、ビル・ゲイツとか、そういう人は自閉《じへい》スペクトラム症《しょう》といわれていますね。

タレントでいえば、モデルの栗原類《くりはらるい》さん、ネガティブ発言で有名で、本の中で自分はＡＤＤ（ＡＤＨＤのうち、不注意が主で多動が目立たないもの）だと告白していますね。

ただ、栗原《くりはら》さんはアメリカで育って、早くに親御《おやご》さんもそういうことを知っていたために、非常に温かい環境《かんきょう》で育ったんですね。だからネガティブな発言をしますけれど、タレントとして活躍《かつやく》していますよね。

あるいは、さかなクン。さかなクンの著書の中に、学校での出来事が書いてありました。

子どものときにタコの絵を見たのですけれど、そこで一気にファンになってしまって、それから授業中もタコや魚の絵ばかり描《か》いていた。そうすると成績が急降下した。お母さんは、先生から何度も、「授業中、魚の絵ばかり描《えが》いています、何とか言ってください」と注意を受けたんですけれど。

そのときのお母さんの言葉ね、「あの子は魚が好きで、絵を描《えが》くことが大好きなんです。だからそれでいいんです。みんながみんな一緒《いっしょ》だったら先生、ロボットになっちゃいますよ。あの子には、自分の好きなように描《えが》いてもらいたいんです」と。

学校の先生に言われたからといって、それを子どもに注意することはなかったと書かれているんですね。

さかなクンは、自分はこの魚好きを恥《は》ずかしいとか、変だとか、一度も思ったことがない、それは、お母さんが自分のことを理解して育ててくれたからなんだ、と書いています。ちょっと変わったキャラで出ていますけれど、そういう魚の知識を活《い》かして活躍《かつやく》して、いまや大学の准教授《じゅんきょうじゅ》になっています。

ですから、そういう人たちがいることに、何らかの意味がある。

HSP・敏感《びんかん》な人がいることによっても、私たち人類は何らかの恩恵《おんけい》を受けているわけです。

芸術的な才能がある。環境問題《かんきょうもんだい》や環境《かんきょう》の変化、大気汚染《たいきおせん》、添加物《てんかぶつ》に敏感《びんかん》で、身をもって環境《かんきょう》の悪化に警鐘《けいしょう》を鳴らしてくれる、そういう存在でもあります。

それぞれの役割があり、そこには病気であるとかないとか、障がいがあるとかないとか、区別はなく、単なる違《ちが》い・多様性であるという考え方を、ニューロダイバーシティといいます。

これについてはまだまだいろんな議論がありますが、こういう考え方もある、ということをぜひ知ってもらいたい。

そしてすべての人が、お互《たが》いの違《ちが》いを認めて、尊重し合い、お互《たが》いの特性を発揮して、生きやすい世の中を作っていくことができたらなと思っています。

付録

# 教育関係者へのページ

※HSCを学校や教育関係者に理解してもらいたいとき、コピーして、お渡しください。

『HSCの子育てハッピーアドバイス』より転載

明橋大二著　イラスト・マンガ　太田知子

付録

学校の先生のために

# ひといちばい敏感な子に必要なのは、「先生は自分の味方」という安心感です

ＨＳＣ（ひといちばい敏感《びんかん》な子）にとって、起きている時間の半分を過ごす学校は、とても重大な意味を持っています。

学校でも、その特性が理解され、配慮《はいりょ》した関わりがなされれば、ＨＳＣは、その才能を発揮し、クラスでとても大切な役割を果たすでしょう。逆に、本人にとってつらい状況《じょうきょう》が続くと、しだいに教室に入るのが怖《こわ》くなり、不登校にもなりかねません。

現場の学校では、たとえ先生がＨＳＣという言葉を知らなくても、一人一人の子どもをよく見て対応されることで、元気に学校生活を送っている子どももたくさんあります。

そのうえで、先生方に、ＨＳＣの特性をさらによく知っていただければ、未然に防げる困難も多くありますし、さらに生き生きと生活することができるでしょう。

そこで、先生の関わりのためのヒントをいくつか述べたいと思います。

## 1 クラスの5人に1人は、HSCであることを知りましょう

まず、子どもの中には、HSC（ひといちばい敏感《びんかん》な子）がいる、ということを知りましょう。

そしてその特性を理解しましょう。

HSCは、5人に1人の割合でいるといわれます。これは障がいや病気ではなく、1つの持って生まれた性格です。

育て方でなるのではありません。

音やにおい、味などにとても敏感《びんかん》です。

人の気持ちをよく察知します。

何事もじっくり考えてから行動を起こすので、傍目《はため》には、マイペースとか、臆病《おくびょう》と見えるかもしれませんが、そういうことではなく、きちんと現状を確認し、予想されることをすべてシミュレーションして判断してから行動を起こすので、ゆっくりしているように見えるのです。

正義感が強く、不正がクラスで行われていることを許せません。

人がつらい思いをしているのを察知し、手助けしようとします。
一方で、先生の大声やどなり声にびっくりし、怖《こわ》がることがあります。
がやがやした場所、うるさい場所が苦手です。

## クラスの中には、ひといちばい敏感な子がいます

1クラス35人なら
約7人が、ＨＳＣということです
ＨＳＣは、真面目《まじめ》で優《やさ》しく、ルールをよく守ります
イエー
もくもく
ぺちゃくちゃ
一方、繊細《せんさい》で傷つきやすく
人の輪に入るのも、手助けが必要になることがあるかもしれません
しかし、慣れれば繊細《せんさい》な面は隠《かく》れてしまい
ぎゃははは
その子らしさを元気いっぱいに出して、生き生きと過ごしています

## ２ 親から状況を聞くことで、その子の対応が見えてきます

親が、自分の子どものことをＨＳＣだと思っているかどうかは別にして、今までの子どもの状況《じょうきょう》を聞きましょう。

たとえＨＳＣという言葉を知らなくても、親は、「この子は、少し他の子と違《ちが》う」と感じているはずです。それで困っていることもあるかもしれません。

そのような親からの情報は、今後の関わりのために、とても大切なものです。

その子に、「してはいけないこと」「したほうがよいこと」のヒントが得られるからです。

そして、その親の対応は、この子にとって必要なものだったのだ、とまずは考えましょう。

時には、「親が過保護すぎる」と思うこともあるかもしれませんが、過保護だから、このような敏感《びんかん》な子になったのではなく、敏感《びんかん》な子だから、一見過保護と見えるような対応にならざるをえなかったのかもしれません。

それは、今までいろいろ親なりに試行錯誤《しこうさくご》して、このような対応がベストだとわかったから、そのようにしているだけなのです。

それは学校での対応の参考になるはずです。

## ● 敏感な子にとって必要な対応を、親はしています

## ③ その子を前に担任していた先生に相談しましょう

親と同様、前担任、あるいは、前の学校でどのように対応していたか、情報を得ましょう。さまざまに工夫《くふう》したり、配慮《はいりょ》したりしています。それは今後の関わりの参考になります。

## ④ その子のペースを尊重するのが大切です

HSCの接し方の基本は「その子のペースを尊重する」ということです。

HSCは、言葉を発するのに時間がかかったり、行動を起こすのが人より遅《おく》れたりすることがあります。

それは決して、「指示を聞いていない」とか「理解していない」ということではなく、与《あた》えられた指示を実行するのにさまざまなことを考えるために、少し時間がかかっている、ということなのです。

そのときは、少し待つことが必要です。それをむやみに急がせたり、人と同じスピードを求めると、パニックになったり、頭が真っ白になってよけいに時間がかかったりします。

時間が与《あた》えられると、しっかりと考えることができるので、逆に大人が驚《おどろ》くような、思《し》慮深《りょぶか》い答えを出してくることもあります。

新しい環境《かんきょう》に慣れるのにも、少し時間がかかることもあります。新しい環境《かんきょう》に入ると誰《だれ》でも少しは不安になるものですが、HSCは、その不安を解消するのに、少し時間がかかるのです。それは決して臆病《おくびょう》とかいうことではなく、「安心できる場所である」ということを確認する作業が、人より多く必要なのです。

大人から見れば、そんなにいちいち確認しなくても大丈夫《だいじょうぶ》、とよけいなことをしているように見えるかもしれませんが、本当に危険なことがある場合は、その慎重《しんちょう》さが、みんなにとって役立つ場合もあるはずです。

新しいクラスに慣れるまで、時間がかかりますが
安全な場所とわかれば、自分らしく過ごすことができます
指示を与《あた》えても、作業に取りかかるのに時間がかかったり
まだ袋《ふくろ》を開けただけ？
質問しても、答えるまでに長い間があったりしますが
このときの主人公の気持ちは、どうだったでしょう
……
……
……
……
……
……
……
これが、この子の適正ペースです
……こうだったと思います
たくさんの情報を処理するのに、時間がかかっているのです

## 5 長所を認めて、自信を育てましょう

その子の得意なこと、優《すぐ》れているところを見つけて伸《の》ばしましょう。

ＨＳＣは、動物や植物の状態にもよく気づきますから、植物を育てたり、飼育係をしたりするのに向いています。

また、本を読んでも、登場人物の気持ちをよく理解するので、優《すぐ》れた感想を述べることがあります。

そのような長所を認めて、「○○さんは、よく気がつくね」「主人公の気持ちをよく理解していますね」とほめましょう。

また、音楽や絵など、芸術的な才能にも秀《ひい》でていることがあるので、その才能を伸《の》ばしましょう。

## ほめられると、ぐんぐん才能を発揮します

## 6 否定的な言葉で、大きなダメージを受けています

どんな子どもでも、否定されると、つらい気持ちになるものですが、ＨＳＣは、少しの否定を、大きくとらえて、ダメージを受けていることがあります。

こちらは、一部分を注意しているだけなのに、全部を否定されたように取って、萎縮《いしゅく》してしまうことがあります。

そういうときには、「この部分はとてもいいよ。あとはこの部分をこのようにすると、もっといいね！」というような、いい部分を伝えながら、よくない部分も、現状の否定というよりは、今後への期待、という形で伝えましょう。

ですからＨＳＣに厳しい罰《ばつ》は必要ありません。強く叱《しか》るとそれだけで圧倒《あっとう》されてしまいます。

また、ＨＳＣは、自分が注意されるときだけではなく（ＨＳＣは、もともと注意されるようなことはあまりしません）、他の子が注意されたときにも、まるで自分が注意されたかのように、ショックを受けていることがあります。

ＨＳＣが、教室に入りづらくなるきっかけとしてよくあるのが、「先生の叱《しか》り声《ごえ》が怖《こわ》く

なって、「入れなくなった」というものです。

ですから、ＨＳＣがいる教室では、全体に対して、大声で叱責《しっせき》することはなるべく避《さ》けましょう。注意すべきことがあれば、その子を呼んで、個人的に注意すればよいのです。

全体に大声で厳しく注意することで、人知れずダメージを受けている子がいることを知っていただきたいと思います。

ＨＳＣは叱《しか》られると大きなショックを受けます
ブッ殺す!!
くらいの強烈なイメージ
ほんの少し注意しただけでも、全否定されたように思って、萎縮《いしゅく》してしまうことがあります
廊下《ろうか》を走ったら危ないだろう
ぶつかったらけがをするよ!
うぅ
ですから、ＨＳＣに強く注意する必要はありません
ぶつかると危ないよ
説明するだけで、じゅうぶん伝わります
また、ＨＳＣは、他の子が注意を受けているときも、自分が注意されているのと同じように、ダメージを受けています
おまえら!!
ブルブル
早く終わって〜
教室での先生の大きな声を恐怖《きょうふ》に感じています

## ⑦ 友達関係は、先生のサポートが大きな力になります

HSCは、友達《ともだち》を作るのに、他の子より時間がかかることがあります。

HSCには、数は少なくても、1人か2人の親友は、どうしても必要です。

ですから、前の年に仲がよかった子や、近所の子を同じクラスや隣《となり》の席にしたり、2人組で作業をさせたりして、早く打ち解けられるようにするとよいと思います。

自分から積極的に声をかけられない子もいます
モジモジ
すでにでき上がったグループに入るのは苦手です
絶対ムリ!!
あらかじめ先生のサポートがあると心強いです
あの子とならうまくやっているから
同じグループにしよう
友達《ともだち》は、それほど多くは必要ありませんが
1人の親友は不可欠です

もう1つ、配慮《はいりょ》が必要な場合として、困難を抱《かか》えた子のお世話係になる場合があります。

HSCは、人の気持ちに気づきますから、つらい思いをしている子にいち早く気づいたり、必要な対応を提案してくれたりします。

そういう意見に耳を傾《かたむ》け、「教えてくれてありがとう」「○○さんは、いつも優《やさ》しいね」と伝えることは、とてもいいと思います。

ただしその反面、困難を抱《かか》えた子をよく世話してくれるので、担任からその世話を頼《たの》まれたり、席を隣《となり》同士にされたりすることがあります。しかし、大人でも対応に困るような子の世話を、子どもが、一時的ならいざ知らず、毎日毎日するのは、たいへんなことです。

HSCは、そういう役割をしっかりこなす反面、とても多くのエネルギーを使います。

そのうちに、HSCが疲《つか》れて学校に来られなくなった、ということも起こりえるのです。

友達《ともだち》の世話をしてくれることについては、「ありがとう」と伝えつつ、あまり1人だけに世話を頼《たの》まないようにしましょう。

「いつも気遣《きづか》ってくれてありがとう。でも、そんなにいつも心配しなくても大丈夫《だいじょうぶ》だよ。困ったことがあったら、いつでも先生に言ってね」と伝えましょう。

## 友達のお世話係は、1人だけに負担をかけない

田中くん、いつも1人でいるから、休み時間、一緒《いっしょ》に遊んであげてくれる？
いろいろ手助けしてくれると、助かるんだけど
はい、わかりました
席も、隣《となり》同士
ねーねーあのさー
しーっ
田中くん、授業中だから声小さく
教科書何ページだよ
テスト中だから、しゃべっちゃダメだよ
べらべら
ねーねー
席替《せきが》えしても相変わらず2人は隣《となり》同士
そして1年後……
先生、助かりました。次の学年もAくんと一緒《いっしょ》にしてくださいね
何で自分ばかりこんな目に……疲《つか》れた……
お世話係もほどほどに

## 8 人前での発表などで、気をつけたいこと

ＨＳＣは、人前でしゃべったり、発表したりするときに、とても緊張《きんちょう》して、思うような力を発揮できないことがあります。

しかし、できないのではなく、慣れるのに少し時間がかかる、ということです。

ですから、人にさせていることを、ＨＳＣだけ外す、というのはあまりよくありません。

そうすると、「自分はだめな人間なんだ」と思わせてしまいます。

そうではなく、準備をさせる、ということです。人前で発表する前に、１対１で発表の練習をして慣れるとか、リハーサルをじゅうぶんしておく、ということです。

## 先生のちょっとした配慮で、居心地のいいクラスになります

## ⑨ 給食は、敏感な子にとって、つらい時間になることもあります

ＨＳＣは、味覚や嗅覚《きゅうかく》にも敏感《びんかん》です。そのため、給食についても、微妙《びみょう》な味やにおいの違《ちが》いを気にすることがあります。

その分、繊細《せんさい》な味やにおいをキャッチすることのできる優《すぐ》れた才能を持っているともいえるのですが、逆に本人にとって苦手なにおいや味を受け付けない、ということもあります。

そういう場合は、食べることを無理強《むりじ》いしないようにしましょう。

ただでさえ、苦手なにおいで気持ち悪くなっているのに、それを無理やり食べさせられることで、クラスの皆《みな》の目の前で吐《は》いてしまい、それがトラウマになって、給食時間が怖《こわ》くなる、ひいては学校自体が怖《こわ》くなる子どももいるのです。

## 食べることを無理強いしないようにしましょう

# ⑩ 時には背中を押すことも大切です

先生方の中には、敏感《びんかん》な子どもにだけ、手厚い対応はできない、という意見もあるかもしれません。

ただ、ここで言いたいことは、これまで述べてきたことをすべてやらなければ、敏感《びんかん》な子どもたちはダメになる、ということではありません。

子どもたちは、心配するほどもろくはありませんし、たいていのＨＳＣは、状況《じょうきょう》を確認しながら、慎重《しんちょう》に、自分のペースでうまくやっています。

子ども自身も、成長したいと思っていますし、新しいことにチャレンジしたいと思っています。

不安だったけれども、勇気を出してやってみたことで、達成感を得た、ということもあります。

そのために、少し背中を押《お》すこともあっていいのです。

しかしその前提として、ＨＳＣとは、どういう子どもたちなのか、どういう対応をされると、伸《の》び伸《の》びと成長できるのか、ということを知っているだけで、その結果は全く違《ちが》うものになると思います。

子どもの特性を理解せず、無理なことを求め、できないと否定した結果、すべてに自信を失ってしまう、そういう子どもがゼロではないのです。

## ●「先生は、味方」のメッセージが、強い力になります

『HSCの子育てハッピーアドバイス』より

「先生は、いつでもあなたの味方だよ。だから困ったことがあれば、何でも相談してね」とはっきり言葉で伝えて、まず安心させてやってほしいのです。

子どもはすべて、一人一人違《ちが》います。

ＨＳＣだけでなく、すべての子どもが、その違《ちが》いを理解され、必要な配慮《はいりょ》を受けて、適切な支援《しえん》が得られる学校になれば、子どもたちは、さらに伸《の》び伸《の》びと育ち、自信を持って、社会を生きていくことができるようになるでしょう。

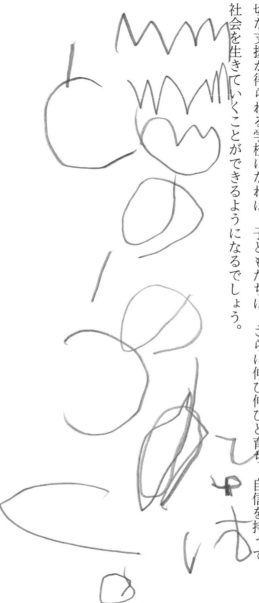

一言メッセージ

**HSCに必要なのは
先生は自分の味方だ
という安心感です**

これさえあれば
いろんな試練に
立ち向かっていけます

ひといちばい敏感な子は、
ひといちばい優しい子です

——明橋大二

イベント撮影：山本哲志

〈著者略歴〉

明橋　大二（あけはし　だいじ）

心療内科医。専門は精神病理学、児童思春期精神医療。

昭和34年、大阪府生まれ。

京都大学医学部を卒業し、現在、真生会富山病院心療内科部長。

児童相談所嘱託医、NPO法人子どもの権利支援センターぱれっと理事長、
一般社団法人HAT共同代表、富山県虐待防止アドバイザー、
富山県いじめ問題対策連絡会議委員として、子どもの問題に関わる。

著書『なぜ生きる』（共著）、『子育てハッピーアドバイス』シリーズ、『みんな輝ける子に』『見逃さないで！ 子どもの心のSOS　思春期に がんばってる子』『心の声に耳を傾ける 親と子の心のパイプは、うまく流れていますか？』など。

訳書『ひといちばい敏感な子』など。


現在、自己肯定感を育む子育てを日本全国に広めるため、「認定子育てハッピーアドバイザー養成講座」を開講し、支援者育成に当たっている。

（詳細は、「一般社団法人HAT」ホームページ http://www.hat-a.com）

◉明橋大二ホームページ　http://www.akehashi.com/

教えて、明橋先生！

何かほかの子と違う？ HSCの育て方 Q＆A

平成31年(2019) 2月20日　第1刷発行

著　者　明橋　大二

発行所　株式会社　1万年堂出版
〒101-0052　東京都千代田区神田小川町2-4-20-5F
電話　03-3518-2126
FAX　03-3518-2127
https://www.10000nen.com/

装幀・デザイン　遠藤和美

印刷所　凸版印刷株式会社

　ISBN978-4-86626-039-6 C0037

マンガで楽しく、心がかる〜くなる

# HSCの子育てハッピーアドバイス

## HSC＝ひといちばい敏感な子


明橋大二 著
イラスト 太田知子



定価 本体1,200円+税
四六判　オールカラー　232ページ
ISBN978-4-86626-034-1

### 敏感さは、すてきな 自分らしさ

敏感な子の子育ては、そうでない子の子育てと、違うことがたくさんあります。HSCの日常や、自己肯定感を育むアドバイスが、マンガでわかります。

（主な内容）

- 「甘やかすからわがままになる」というのは間違いです
- 敏感な子がイキイキと伸びるために親ができること

↓ HSCは、自分を責めてしまいます

対応

いいところを見つけてほめるようにする

- HSCの特性は、見方を変えれば子どもの長所の表れです

### ＼HSCの子育ての大原則／

**その子のペースを尊重しましょう**

## 揺れ動く10代の子どもの心

# 見逃さないで！ 子どもの心のSOS

思春期に がんばってる子

**明橋大二** 著

定価 本体1,300円+税　四六判
304ページ　ISBN978-4-925253-67-3

揺れ動く10代の子どもに、どう接すればいいのでしょうか。
精神科医・スクールカウンセラーとして、いじめ、不登校、引きこもり、自殺などに真っ正面から取り組んできた著者が、30年の診療から得た全てを記しました。この本の、正しい知識と具体的なアドバイスが、必ずや、子どもに接する大人に大きな安心感を届けることでしょう。それがそのまま「このままじゃ生きていけないよ」とSOSを発している子どもを救うことにつながります。

（主な内容）

- 身体の成長は、目で見て分かるが、心の成長は、目で見て分からない。
  具合が悪くても、すぐには気づきません
- 人間が生きていくうえで、甘えは絶対必要なものです。
  決して「甘えるな」と言ってはならない
- 甘えが満たされる時、「自分は愛される価値のある存在なんだ」と感じます。
  この土台があって初めて、しつけや学力が身についていきます
- 傷ついている人や疲れている人への禁句
  「もっとがんばれ」「甘えるな」「それは逃げだ」「気の持ちようだ」……
- 不登校は、「心のサーモスタット」が切れた状態。
  これ以上、心が壊れるのを防ぐための、自然な、正常な反応です
- いじめられている人は、ものすごくつらい中でも、
  必死に耐えている、本当にりっぱな人です。
  「いじめられるおまえも悪いんだ」とは、絶対に言ってはなりません
- 子どもが「いじめ」に遭って、
  悪循環に陥らないために、親や周囲が心がけておくとよいこと
- 体罰は、なぜいけないのか。大人の認識が甘すぎる